La guía definitiva de TikTok: libera tu potencial creativo

Una novela de:

Denis Topoljak

Introducción:

¡Bienvenido al apasionante mundo de TikTok! En esta guía definitiva, nos sumergiremos en las profundidades de TikTok y descubriremos los secretos del éxito en esta cautivadora plataforma. Ya sea que sea un TikToker experimentado o recién esté comenzando, este libro electrónico es su recurso integral para navegar por las funciones de TikTok, interactuar con la comunidad y liberar su potencial creativo.

TikTok ha revolucionado la forma en que consumimos y creamos contenido, ofreciendo un espacio único para la autoexpresión, el entretenimiento y la conexión. Con sus videos cortos, música pegadiza y efectos creativos, TikTok ha capturado los corazones y la atención de millones de personas en todo el mundo. Se ha convertido en un centro para personas influyentes, artistas y personas comunes para mostrar su talento, compartir sus historias y construir una comunidad de personas con ideas afines.

En este libro electrónico, exploraremos los conceptos básicos de TikTok, incluido su propósito, público objetivo y características clave. Lo guiaremos a través del proceso de creación de una cuenta TikTok, navegación por la interfaz de usuario y comprensión de las diversas características y funciones disponibles para usted. A partir de ahí, profundizaremos en estrategias para generar ideas de contenido creativo, elegir los formatos de video correctos y mejorar sus videos con herramientas y efectos de edición.

Pero TikTok es más que una plataforma para la creación de contenido. Es una comunidad dinámica donde surgen tendencias, se aceptan desafíos y prosperan las colaboraciones. Le mostraremos cómo mantenerse actualizado sobre las tendencias populares de TikTok, participar en desafíos y colaborar con otros creadores a través de funciones como Dueto y Stich.

Construir una presencia exitosa en TikTok va más allá de crear un gran contenido. Se trata de definir la identidad de su marca, mostrar la autenticidad e interactuar con su audiencia. Lo ayudaremos a descubrir su nicho, identificar a su público objetivo y desarrollar un estilo visual consistente que refleje su personalidad única. También lo guiaremos en la elaboración de subtítulos atractivos, el uso de hashtags efectivos y la optimización de su contenido para obtener la máxima visibilidad a través del algoritmo de TikTok.

A medida que avanza en su viaje TikTok, exploraremos formas de proteger su privacidad, manejar el odio y la negatividad en línea y denunciar contenido inapropiado o comportamiento abusivo. Haremos hincapié en la importancia de ser un modelo a seguir positivo dentro de la comunidad TikTok y mostraremos estrategias para construir conexiones significativas con su audiencia.

Además, descubriremos oportunidades de monetización en TikTok, como Creador Fundó, asociaciones de marca y ventas de mercancías. Incluso exploraremos otras fuentes de ingresos, como cursos en línea y marketing de afiliados, que pueden complementar su presencia en TikTok.

¿Estás listo para desbloquear tu potencial TikTok? Sumerjámonos y embarquémonos juntos en este emocionante viaje. Desde la creación de contenido cautivador hasta la conexión con una comunidad global, esta guía definitiva lo equipará con el conocimiento y las estrategias para prosperar en TikTok. Prepárese para cautivar, inspirar y entretener. ¡El mundo TikTok te espera!

Prefacio:

¡Bienvenido al mundo de TikTok!

En esta era digital, las plataformas de redes sociales se han convertido en un poderoso medio de autoexpresión, conexión y creatividad. Entre estas plataformas, TikTok se destaca como un espacio vibrante y dinámico donde personas de todos los ámbitos de la vida pueden compartir sus talentos, pasiones e historias en formato de video de tamaño reducido.

Como ávido usuario de TikTok y creador de contenido, he tenido el privilegio de sumergirme en este cautivador mundo. He sido testigo del poder transformador de TikTok, tanto en mi propia vida como en la vida de innumerables personas. Ha proporcionado una plataforma para la autoexpresión auténtica, una fuente de entretenimiento y una comunidad donde las personas con ideas afines pueden conectarse y participar.

El propósito de este libro es guiarlo a través del emocionante y cambiante reino de TikTok. Ya sea que sea un principiante que busca navegar por la aplicación, un aspirante a influyente que busca aumentar su número de seguidores o simplemente alguien que quiere aprovechar al máximo su experiencia TikTok, este libro está aquí para ayudarlo.

Dentro de estas páginas, encontrará una guía completa que cubre todo, desde la creación de una cuenta y la comprensión de la interfaz de usuario hasta el desarrollo de contenido atractivo, la construcción de su marca personal e incluso la exploración de oportunidades de monetización. Descubrirás consejos prácticos, estrategias e ideas que te ayudarán a aprovechar al máximo las funciones y los algoritmos de TikTok, mientras te mantienes fiel a ti mismo y fomentas conexiones positivas dentro de la comunidad.

Pero más que una simple guía técnica, este libro tiene como objetivo inspirarlo y empoderarlo. TikTok no es solo una plataforma de entretenimiento; es un espacio donde puedes descubrir tu voz, dar rienda suelta a tu creatividad y conectarte con otras personas que comparten tus pasiones. Es una oportunidad para abrazar su singularidad, celebrar la diversidad y tener un impacto positivo en el mundo.

Al embarcarse en su viaje TikTok, recuerde que el éxito no se mide únicamente por los números, sino por la alegría, las conexiones y la satisfacción que obtiene de su experiencia. Adopte el proceso, asuma riesgos y deje que su yo auténtico brille en cada video que cree. Recuerda, TikTok no se trata solo de seguidores y me gusta; se trata de las conexiones que haces, las historias que compartes y el impacto que tienes en los demás.

Lo animo a que se acerque a este libro con una mente abierta, un sentido de curiosidad y la voluntad de experimentar y aprender. Toma lo que resuena contigo, adáptalo a tu estilo único y deja volar tu creatividad.

Gracias por elegir este libro como tu guía para TikTok. Estoy emocionado de unirme a usted en este viaje y ser testigo del increíble contenido que creará, las conexiones que hará y la influencia positiva que tendrá en los demás.

¡Ahora, sumerjámonos y liberemos todo el potencial de tu aventura TikTok!

¡Feliz Tik Toking!

Denis Topoljak

Dedicación:

A todos mis dedicados seguidores y a mi único y verdadero amor, Marijana,

Este libro está dedicado a todos y cada uno de ustedes que han sido parte de mi viaje TikTok. Su apoyo, compromiso y entusiasmo han sido la fuerza impulsora detrás de mis esfuerzos creativos. Es su creencia inquebrantable en mí y su aliento constante lo que me ha inspirado a traspasar los límites y compartir mi pasión con el mundo.

Para mi único amor verdadero, Marijana, has sido mi pilar de fortaleza y mi mayor fuente de inspiración. Su apoyo, amor y comprensión inquebrantables me han impulsado hacia adelante, incluso frente a los desafíos. Tu presencia en mi vida ha traído inmensa alegría y felicidad, y estoy agradecido por cada momento que hemos compartido.

Este libro es un testimonio del poder de la conexión, la creatividad y la belleza de las relaciones humanas. Es un reflejo de la increíble comunidad que hemos construido juntos, llena de experiencias compartidas, risas y conversaciones significativas.

Que esta dedicatoria sirva como muestra de mi agradecimiento a todos y cada uno de ustedes que han sido parte de mi familia TikTok. Sin su apoyo, nada de esto hubiera sido posible. Gracias por acompañarme en este viaje increíble y espero continuar inspirándolos y entreteniéndolos a través de mi contenido.

Para mi amada Marijana, eres mi ancla y mi fuente de amor e inspiración. Gracias por estar a mi lado en cada paso del camino. Este libro está dedicado a ti con todo mi corazón.

Con el más profundo aprecio,

Denis Topoljak

Prólogo:

En el vasto ámbito de las redes sociales, donde la atención es fugaz y las tendencias van y vienen en un abrir y cerrar de ojos, una plataforma ha emergido como un fenómeno global, cautivando los corazones y las mentes de millones. Bienvenido al mundo de TikTok.

En esta era de conectividad digital, donde la creatividad no tiene límites, TikTok se ha convertido en una fuerza poderosa que transforma a personas comunes en estrellas y convierte momentos de la vida cotidiana en experiencias extraordinarias. Ha redefinido la forma en que consumimos y creamos contenido, invitándonos a expresarnos en ráfagas de magia de 15 segundos.

Pero TikTok es más que una aplicación. Es un universo rebosante de infinitas posibilidades, donde se nutren los sueños, se descubren talentos y se forjan conexiones. Es un reino donde resuenan las risas, donde la música reverbera y donde las historias se desarrollan de las formas más inesperadas.

En este prólogo, nos embarcamos en un viaje a través del fascinante tapiz de TikTok. Desentrañamos sus misterios, exploramos sus complejidades y revelamos los secretos del éxito dentro de su vibrante comunidad. Juntos, nos sumergiremos en el núcleo de esta plataforma en constante evolución, desbloqueando las herramientas, las estrategias y la mentalidad necesarias para prosperar en este panorama digital.

Pero más allá de los tecnicismos, este viaje se trata de abrazar el poder de la autenticidad, cultivar la creatividad y encontrar tu voz en medio del ruido. Se trata de comprender que TikTok no es solo un escenario para el entretenimiento, sino un lienzo para la autoexpresión, un escenario para la conexión y una plataforma de lanzamiento para los sueños.

Entonces, tómese un momento para respirar la emoción, abrazar lo desconocido y abrir su corazón a las posibilidades ilimitadas que le esperan. Deja que TikTok sea tu puerta de entrada a un mundo donde los límites se rompen, donde tu imaginación se dispara y donde puedes tocar la vida de los demás con tu perspectiva única.

A través de este prólogo, preparamos el escenario para la aventura que se avecina. Te invitamos a ser el centro de atención, dar rienda suelta a tu creatividad y unirte a las filas de la comunidad TikTok, un tapiz vibrante de artistas, comediantes, narradores y visionarios que están transformando la forma en que nos conectamos, entretenemos e inspiramos.

¿Estás listo para embarcarte en este emocionante viaje? Deja que el prólogo sea tu guía y deja que los capítulos que siguen descubran los secretos de tu destino en TikTok. Se levanta el telón y se prepara el escenario. El mundo TikTok espera tu gran entrada. Es hora de brillar.

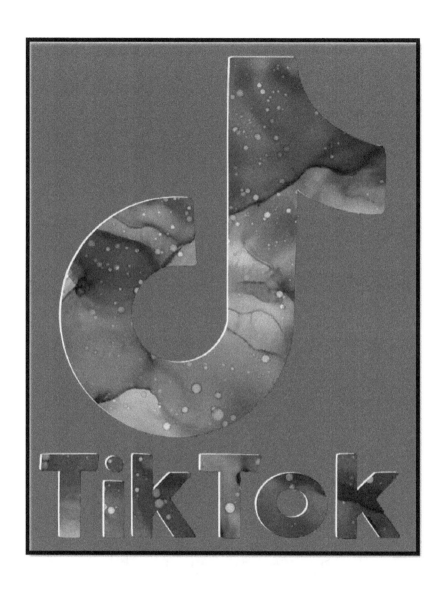

Tabla de contenido:

Construyendo su marca TikTok

3.1 Definición de la identidad de su marca TikTok

3.2 Mostrar su personalidad y autenticidad

3.3 Desarrollar un estilo visual consistente

3.4 Creación de subtítulos y hashtags cautivadores

3.5 Aprovechar las funciones Dueto y Stich de TikTok

Hacer crecer su seguimiento de TikTok

4.1 Comprender el algoritmo de TikTok

4.2 Optimización de su perfil de TikTok

4.3 Interactuar con la comunidad de TikTok

4.4 Colaboración con otros creadores de TikTok

4.5 Promoción de su contenido de TikTok en otras plataformas

Sección 1: Primeros pasos con TikTok

1.1 Comprender los conceptos básicos de TikTok

TikTok es una plataforma de redes sociales que permite a los usuarios crear y compartir videos cortos, que generalmente duran entre 15 y 60 segundos. Rápidamente ha ganado una inmensa popularidad en todo el mundo, especialmente entre el público más joven. Con sus funciones innovadoras y su interfaz fácil de usar, TikTok proporciona una plataforma para que los usuarios muestren su creatividad, talentos y perspectivas.

1.2 Propósito de TikTok

El propósito principal de TikTok es entretener e involucrar a los usuarios a través de videos cortos. Ofrece un espacio para que los usuarios se expresen, descubran nuevos contenidos y se conecten con otras personas que comparten intereses similares. El algoritmo de TikTok selecciona fuentes de contenido personalizado en función de las preferencias del usuario, lo que garantiza una experiencia personalizada y atractiva para cada usuario.

1.3 Público objetivo

TikTok inicialmente ganó tracción entre los usuarios de la Generación Z, pero su base de usuarios se ha expandido para incluir a personas de todas las edades. La plataforma atrae a personas creativas, aspirantes a personas influyentes, creadores de contenido y aquellos que buscan entretenimiento en un formato pequeño. La comunidad vibrante y diversa de

TikTok atrae a usuarios con una amplia gama de intereses, desde comedia y danza hasta moda y contenido educativo.

1.4 Características clave de TikTok

a) Creación y edición de videos: TikTok permite a los usuarios grabar videos directamente dentro de la aplicación o cargar imágenes pregrabadas. Ofrece una variedad de herramientas creativas, incluidos filtros, efectos, superposiciones de texto y pegatinas, para mejorar los videos y hacerlos visualmente atractivos.

b) Música y bandas sonoras: la extensa biblioteca de música de TikTok ofrece una amplia selección de canciones, fragmentos de sonido y efectos que los usuarios pueden incorporar a sus videos. Los usuarios pueden buscar pistas específicas, buscar sonidos populares o explorar clips de audio populares.

c) Efectos y filtros: TikTok ofrece una amplia gama de efectos y filtros que los usuarios pueden aplicar a sus videos, lo que permite contenido único y visualmente cautivador. Desde filtros de belleza hasta efectos de realidad aumentada (AR), la plataforma proporciona herramientas para mejorar la creatividad y el compromiso.

d) Hashtags y desafíos: los hashtags juegan un papel crucial en el descubrimiento de contenido de TikTok. Los usuarios pueden agregar hashtags relevantes a sus videos para aumentar la visibilidad y participar en desafíos de tendencias. Los desafíos son temas o ideas específicos que alientan a los usuarios a crear videos en torno a un concepto en particular, fomentando la participación de la comunidad y la viralidad.

e) Página de seguimiento y para usted: los usuarios pueden seguir otras cuentas de TikTok para ver su contenido en su feed "Siguiendo". La página "Para ti", por otro lado, muestra una fuente personalizada de videos recomendados en función de las interacciones, las preferencias y el algoritmo de TikTok del usuario. Permite a los usuarios descubrir nuevos contenidos y creadores adaptados a sus intereses.

f) Interacciones y compromiso: TikTok fomenta la interacción del usuario a través de funciones como me gusta, comentar, compartir y enviar mensajes directos. Los usuarios pueden interactuar con el contenido dejando comentarios, haciendo duetos (creando un video de pantalla dividida junto con el video de otro usuario) o uniendo (agregando su propio contenido antes o después de un video existente).

La naturaleza dinámica e inmersiva de TikTok, junto con su énfasis en el contenido generado por el usuario, la ha convertido en una plataforma poderosa para el entretenimiento, la creatividad y la creación de comunidades. Comprender estos conceptos básicos servirá como una base sólida para su viaje TikTok.

Crear una cuenta de TikTok

1. Descargue e instale la aplicación TikTok: visite la tienda de aplicaciones de su dispositivo (App Store para iOS o Google Play Store para Android) y busque "TikTok". Toque la aplicación TikTok y seleccione "Instalar" para descargarla e instalarla en su dispositivo.
2. Inicie la aplicación TikTok: una vez que la aplicación esté instalada, ubique el ícono de TikTok en la pantalla de inicio o en el cajón de la aplicación de su dispositivo. Toque el icono para iniciar la aplicación.

3. Regístrese para obtener una cuenta de TikTok: en la pantalla de inicio de TikTok, se le presentarán dos opciones: "Iniciar sesión" y "Registrarse". Toca "Registrarse" para crear una nueva cuenta de TikTok.
4. Elija su método de registro: TikTok ofrece varias formas de registrarse, incluido usar su número de teléfono o dirección de correo electrónico, registrarse con sus cuentas de redes sociales existentes (como Facebook, Instagram o Twitter) o usar su ID de Apple o Google cuenta. Seleccione el método de registro que más le convenga.
5. Complete el proceso de registro: según el método de registro que elija, deberá proporcionar la información necesaria. Por ejemplo, si seleccionó un número de teléfono o correo electrónico, ingrese su número de teléfono o dirección de correo electrónico y cree una contraseña segura. Si elige registrarse con una cuenta de redes sociales, es posible que se le solicite que otorgue acceso a TikTok a la información de su cuenta.
6. Personalice su perfil de TikTok: después de registrarse con éxito, se le pedirá que configure su perfil. Elija un nombre de usuario único que lo represente a usted o a su marca. También puede agregar una imagen de perfil y escribir una breve biografía para proporcionar información sobre usted o el tipo de contenido que planea compartir.
7. Explore la configuración de privacidad de TikTok: TikTok ofrece varias configuraciones de privacidad que le permiten controlar quién puede ver su contenido, comentar sus videos y enviarle mensajes directos. Tómese un tiempo para revisar y ajustar su configuración de privacidad según sus preferencias.
8. Comience a descubrir y crear contenido: con su cuenta TikTok configurada, ahora puede comenzar a explorar la aplicación, descubrir contenido de otros usuarios y

crear sus propios videos. Use la función de búsqueda, explore la página "Para usted" e interactúe con otros creadores de TikTok para tener una idea del tipo de contenido que disfruta y desea crear.

Recuerde seguir las pautas de la comunidad de TikTok, respetar las leyes de derechos de autor y tener un comportamiento positivo y responsable al usar la plataforma.

¡Felicidades! Ha creado con éxito su cuenta TikTok y está listo para embarcarse en su viaje TikTok. ¡Diviértete explorando la aplicación y creando contenido cautivador!

Un tutorial paso a paso sobre cómo navegar por la aplicación TikTok y su interfaz de usuario

1. Pantalla de inicio: al iniciar la aplicación TikTok, accederá a la pantalla de inicio. Esta pantalla presenta una transmisión vertical de videos adaptados a sus intereses y preferencias.
2. Barra de navegación: En la parte inferior de la pantalla, encontrarás la barra de navegación con varios íconos:

   a) Inicio: toca el icono de la casa para volver a la pantalla de inicio desde cualquier otra sección de la aplicación.

   b) Descubrir: al tocar el ícono de la lupa, accederá a la pantalla Descubrir. Aquí, puede explorar videos de tendencias, hashtags, desafíos y descubrir nuevos creadores de contenido.

c) Ícono de más: toque el ícono de más en el medio para crear y cargar sus propios videos de TikTok.

d) Bandeja de entrada: el ícono de la burbuja de diálogo lo lleva a su bandeja de entrada, donde puede acceder a sus mensajes directos, notificaciones e interacciones con otros usuarios.

e) Perfil: toque el ícono de perfil a la derecha para acceder a su perfil de TikTok, donde puede ver y editar sus videos, seguidores, seguidores y configuraciones.

3. Pantalla Descubrir: cuando toque el ícono de la lupa, accederá a la pantalla Descubrir. Aquí puede explorar videos populares, hashtags populares, desafíos y recomendaciones personalizadas según sus intereses. Desplácese verticalmente para ver más contenido y deslícese horizontalmente para cambiar entre diferentes secciones.

4. Creación de un video de TikTok: para crear su propio video de TikTok, toque el ícono más en el centro de la barra de navegación. Esto abrirá la interfaz de grabación de video. Puede elegir entre varias opciones de grabación como 'Crear', 'Subir', 'En vivo' o 'Dúo'. También puede agregar efectos, filtros, sonidos y ajustar la duración de su video.

5. Interactuar con videos de TikTok: mientras ve un video de TikTok, puede interactuar de varias maneras:

a) Me gusta: toca el ícono en forma de corazón para que te guste un video.

b) Comentar: toca el ícono de la burbuja de diálogo para dejar un comentario en un video.

c) Compartir: toca el ícono de la flecha para compartir el video con tus seguidores o en otras plataformas.

d) Perfil: toque el nombre de usuario o la imagen de perfil del creador para visitar su perfil y ver más de su contenido.

e) Seguir: para seguir a un usuario, toque el botón "+" en su perfil o en el lado derecho del video.

f) Más opciones: toca el icono de los tres puntos para acceder a opciones adicionales, como denunciar un video, agregarlo a tus favoritos o guardar el video.

6. Pantalla de perfil: toca el ícono de tu perfil para acceder a tu perfil de TikTok. Aquí, puede ver y editar la información de su perfil, incluida su imagen de perfil, nombre de usuario, biografía y enlace a sitios web externos. También puede ver sus videos, seguidores, seguidores y acceder a configuraciones adicionales.

7. Notificaciones y mensajes: toque el ícono de la burbuja de diálogo para acceder a sus notificaciones y mensajes directos. Las notificaciones le mostrarán cuando a alguien le gusta, comenta o interactúa con sus videos. Los mensajes directos te permiten chatear en privado con otros usuarios de TikTok.

8. Ajustes: En tu perfil, pulsa sobre el icono de los tres puntos (más opciones) para acceder al menú de ajustes. Aquí, puede administrar la configuración de la cuenta, la configuración de privacidad, las preferencias de notificación y más.

Recuerde explorar y familiarizarse con las funciones, tendencias y herramientas creativas de TikTok para aprovechar al máximo su experiencia TikTok. ¡Feliz exploración y creación!

Varias características y funciones disponibles en TikTok

1. Grabación y edición de video:
   - Botón de grabación: el botón de grabación principal de TikTok le permite grabar videos directamente dentro de la aplicación. Mantenga presionado el botón para comenzar a grabar y suéltelo para detener.
   - Efectos de video: TikTok ofrece una amplia gama de efectos, filtros y funciones AR (realidad aumentada) para mejorar sus videos. Deslice el dedo hacia la izquierda o hacia la derecha en la pantalla para explorar diferentes efectos mientras graba.
   - Temporizador y cuenta regresiva: use la función de temporizador para establecer una cuenta regresiva antes de que comience la grabación, lo que le permite ponerse en posición o prepararse para una acción específica.
   - Controles de velocidad: ajuste la velocidad de su video para crear efectos de cámara lenta o cámara rápida.
   - Recortar y editar: después de grabar un video, puede recortar el principio o el final y agregar

texto, pegatinas y dibujos con las herramientas de edición de TikTok.

2. Sonidos y Música:
   o Biblioteca de sonido de TikTok: TikTok proporciona una amplia biblioteca de música, efectos de sonido y clips de audio populares que puede usar en sus videos. Puede navegar y buscar pistas específicas o explorar sonidos populares.
   o Agregar sonido: al grabar un video, puede tocar el botón "Sonidos" para elegir un sonido o una canción específicos para acompañar su video.
   o Sonido original: si es músico o creador, puede cargar sus propios sonidos originales y ponerlos a disposición de otros usuarios de TikTok.

3. Efectos y filtros:
   o Filtros de belleza: TikTok ofrece varios filtros de belleza para mejorar su apariencia, suavizar la piel, ajustar la iluminación y agregar efectos de maquillaje.
   o Efectos AR: los efectos de realidad aumentada le permiten superponer objetos virtuales, fondos o animaciones en sus videos, haciéndolos más atractivos visualmente e interactivos.
   o Pantalla verde: esta característica le permite reemplazar el fondo de sus videos con imágenes o videos personalizados, brindando infinitas posibilidades creativas.

4. Hashtags y desafíos:
   o Hashtags: los hashtags juegan un papel crucial en TikTok y pueden ayudar a aumentar la visibilidad de sus videos. Puede agregar hashtags relevantes a los subtítulos de sus

videos o buscar hashtags populares para explorar contenido relacionado.

- o Desafíos: TikTok a menudo presenta desafíos virales, donde se anima a los usuarios a crear videos basados en temas o conceptos específicos. Participar en desafíos puede aumentar tu visibilidad y compromiso dentro de la comunidad TikTok.

5. Dúo y Stich:
- o Dueto: con la función Dueto, puede crear videos de pantalla dividida junto con los videos de otros usuarios. Esto permite la colaboración, los videos de respuesta o las interacciones creativas con otros creadores de TikTok.
- o Unir: la función Unir le permite tomar un fragmento del video de otro usuario y agregar su propio contenido antes o después, creando una combinación perfecta de ambos videos.

6. Descubre y para ti página:
- o Descubrir: la página Descubrir le permite explorar videos populares, hashtags de tendencias, desafíos y descubrir nuevos creadores de contenido. Proporciona una fuente de contenido recomendado en función de sus intereses e interacciones.
- o Página Para ti (FYP): la página Para ti es el feed seleccionado algorítmicamente de TikTok, que muestra contenido personalizado basado en sus preferencias, interacciones y los videos con los que interactúa. Está diseñado para brindar una experiencia personalizada y ayudarlo a descubrir contenido que podría disfrutar.

7. Transmisión en vivo:

- TikTok Live: si tiene al menos 1000 seguidores, puede transmitir en vivo en TikTok e interactuar con su audiencia en tiempo real. La transmisión en vivo permite sesiones de preguntas y respuestas en vivo, presentaciones, tutoriales y más.
8. Efectos, transiciones y texto:
    - Superposiciones de texto: puede agregar superposiciones de texto a sus videos, incluidas

Sección 2: Creación de contenido cautivador de TikTok

Nicho y público objetivo

1. Determine sus intereses y pasiones: Comience con una lluvia de ideas sobre sus intereses, pasiones y áreas de especialización. Considere qué temas, pasatiempos o habilidades le apasionan genuinamente y disfrutaría creando contenido.
2. Investigue el contenido existente de TikTok: explore TikTok para ver qué tipos de contenido ya son populares dentro de sus áreas de interés. Preste atención a los niveles de participación (me gusta, comentarios, acciones compartidas) y el contenido que resuena con los espectadores. Esta investigación le brindará información sobre lo que funciona bien y lo ayudará a identificar brechas u oportunidades para su contenido.
3. Identifique su ángulo único: busque un ángulo o perspectiva único que lo diferencie de otros creadores en su nicho. ¿Qué hace que tu contenido sea diferente o especial? Estas podrían ser sus experiencias personales, experiencia, estilo de narración o un enfoque único del tema.
4. Analice su público objetivo: piense en quién estaría interesado en su contenido. Considere su edad, sexo, ubicación y cualquier característica o interés específico que pueda tener. Identifique los problemas, desafíos o deseos que puedan tener que su contenido pueda abordar.
5. Investigue los datos demográficos de la audiencia: TikTok ofrece información y análisis para las cuentas de TikTok Pro. Considere cambiar a una cuenta Pro para acceder a datos sobre la demografía de su

audiencia, incluidos la edad, el sexo y la ubicación. Esta información puede ayudarlo a comprender quién ya está interactuando con su contenido y refinar aún más su público objetivo.

6. Pruebe y refine: comience a crear contenido dentro de su nicho y observe la respuesta de sus espectadores. Preste atención al compromiso, los comentarios y la retroalimentación que recibe. Analice qué tipos de contenido funcionan bien y resuenan con su público objetivo. Este proceso iterativo lo ayudará a refinar su nicho y comprender mejor las preferencias de su audiencia.

7. Involucrar e interactuar: interactúe activamente con su audiencia respondiendo a comentarios, mensajes y participando en debates. Esta interacción lo ayuda a generar seguidores leales y obtener información sobre los intereses y necesidades de su audiencia.

8. Adaptarse y evolucionar: a medida que cree más contenido y obtenga una comprensión más profunda de su nicho y audiencia, esté abierto a adaptar y evolucionar su estrategia de contenido. Manténgase actualizado sobre las últimas tendencias y escuche los comentarios de su audiencia para continuar brindando contenido valioso y atractivo.

Recuerde, encontrar su nicho y público objetivo puede llevar tiempo y experimentación. Manténgase auténtico, consistente y enfocado en brindar valor a sus espectadores, y gradualmente atraerá a una audiencia leal dentro de su nicho elegido en TikTok.

Consejos y estrategias para generar ideas creativas para contenido de TikTok

1. Siga los desafíos y hashtags de tendencias: manténgase actualizado con los últimos desafíos y hashtags de tendencias en TikTok. Participar en estas tendencias puede ayudarlo a ganar visibilidad y conectarse con una audiencia más amplia. Dale tu toque único al desafío o encuentra formas creativas de destacarte dentro de la tendencia.

2. Obtenga inspiración de los creadores populares de TikTok: siga e interactúe con creadores exitosos de TikTok dentro de su nicho o áreas de interés. Observe su contenido, técnicas de narración, estilos de edición y la forma en que interactúan con su audiencia. Si bien nunca debe copiar el contenido de alguien directamente, puede inspirarse en su creatividad y adaptarlo a su propio estilo único.

3. Analice videos virales: preste atención a los videos que se han vuelto virales en TikTok. Busque elementos, temas o formatos comunes que contribuyeron a su éxito. Identifique qué hizo que esos videos se destaquen y haga una lluvia de ideas sobre cómo puede incorporar elementos similares en su propio contenido.

4. Aproveche la página Disco ver de TikTok: explore la página Descubrir en TikTok regularmente para descubrir nuevos contenidos y tendencias. Esta página muestra una selección curada de videos populares y de tendencias en varias categorías. Al mantenerse informado sobre lo que es popular, puede adaptar esas ideas y darles su propio giro creativo.

5. Interactuar con su audiencia: preste atención a los comentarios, preguntas y comentarios que recibe de sus espectadores. Participa en conversaciones con tu

audiencia y escucha sus sugerencias o solicitudes de contenido. Estos comentarios pueden proporcionar información valiosa e inspirar nuevas ideas para su contenido de TikTok.

6. Piense fuera de la caja: no tenga miedo de pensar creativamente y experimentar con diferentes formatos, técnicas de narración o ángulos únicos. Esté dispuesto a correr riesgos y probar algo nuevo. TikTok es una plataforma que fomenta la creatividad y la autenticidad, así que adopte su estilo único y muestre su personalidad a través de su contenido.

7. Aproveche su experiencia: identifique sus áreas de experiencia o habilidades únicas y encuentre formas de compartir conocimientos valiosos con su audiencia. Ya sea en cocina, moda, fitness o arte, su experiencia puede ser la base para contenido informativo y atractivo.

8. Colabora con otros creadores: colaborar con otros creadores de TikTok puede introducir nuevas perspectivas y ampliar tu audiencia. Busque oportunidades para colaborar en dúos, desafíos o contenido conjunto que se alinee con su nicho. Las colaboraciones pueden traer nuevas ideas, mayor compromiso y exposición a diferentes audiencias.

9. Adopte la narración de historias: TikTok no se trata solo de videos cortos y ágiles. Usa la plataforma para contar historias cautivadoras. Ya sea a través de una serie de videos conectados o una estructura narrativa creativa, la narración puede atraer a los espectadores y hacer que regresen por más.

10. Mantente auténtico y diviértete: TikTok se nutre de la autenticidad y la expresión genuina. Sé fiel a ti mismo, diviértete mientras creas contenido y deja que tu personalidad brille. Tu entusiasmo y pasión resonarán en tu audiencia y harán que tu contenido sea más agradable de ver.

Recuerde, la creatividad es un proceso y no todas las ideas serán un éxito. Experimente, aprenda de sus éxitos y fracasos, y perfeccione continuamente su estrategia de contenido para atraer a su audiencia y hacer que regresen por más.

Diferentes formatos de video y cómo elegir el formato correcto para contenido específico

1. Vídeo estándar de TikTok:
   - Este es el formato de video más común en TikTok, que consiste en un video orientado verticalmente que se reproduce durante una duración máxima de 60 segundos.
   - Use este formato para contenido general, como sketches entretenidos, tutoriales, reseñas de productos o para compartir experiencias personales.
   - Tenga en cuenta que los períodos de atención en TikTok suelen ser más cortos, por lo que es importante captar la atención de los espectadores rápidamente y ofrecer contenido atractivo en los primeros segundos.
2. Duetos de TikTok:
   - Los dúos le permiten crear un video de pantalla dividida junto con el video de otro usuario.
   - Use este formato para colaboración, videos de respuesta o interacciones creativas con otros creadores de TikTok.
   - Elija este formato cuando desee unirse a un desafío o responder al contenido de otro usuario de una manera única y creativa.
3. Puntada:

- Stich le permite tomar un fragmento del video de otro usuario y agregar su propio contenido antes o después, creando una combinación perfecta de ambos videos.
- Utilice este formato cuando desee agregar su perspectiva, comentario o reacción a un video existente.
- La unión es particularmente útil para entablar conversaciones o agregar valor a contenido popular o viral.

4. Pantalla verde:
   - La función de pantalla verde le permite reemplazar el fondo de sus videos con imágenes o videos personalizados.
   - Utilice este formato para contenido creativo y visualmente dinámico. Puedes transportarte a diferentes lugares, crear escenas inmersiva o incorporar efectos especiales.
   - Green Creen es un excelente formato para contar historias, parodias o agregar un toque de fantasía o humor a su contenido.

5. Cámara lenta o cámara rápida:
   - TikTok te permite ajustar la velocidad de tus videos, creando efectos de cámara lenta o cámara rápida.
   - Use la cámara lenta para capturar movimientos detallados, mostrar habilidades complejas o agregar un efecto dramático.
   - La cámara rápida se puede usar para efectos cómicos, videos de lapso de tiempo o cuando desea condensar actividades más largas en una duración más corta.

6. detener el movimiento:
   - Stop Moción implica crear un video tomando una serie de fotos con pequeños cambios entre cada toma.

o Use este formato para crear videos visualmente atractivos y únicos. Stop Moción es ideal para proyectos de bricolaje, tutoriales de elaboración, recetas de cocina o exhibiciones de transformaciones.

Al elegir el formato de video adecuado para un contenido específico, tenga en cuenta los siguientes factores:

- Tipo de contenido: piensa en la naturaleza de tu contenido y el formato que mejor lo presenta. Ya sea un tutorial, una parodia de comedia, un video de reacción o la exhibición de un producto, elija un formato que complemente y mejore el contenido.
- Compromiso: considere cómo desea que su audiencia interactúe con su contenido. Algunos formatos, como dúos o puntadas, fomentan la interacción y la colaboración, mientras que otros, como los videos estándar, permiten una narración enfocada.
- Creatividad e Impacto: Elige un formato que te permita ser creativo y causar impacto. Experimente con diferentes formatos para agregar interés visual, captar la atención y transmitir su mensaje de manera efectiva.
- Preferencias de la audiencia: comprenda a su audiencia objetivo y sus preferencias. Preste atención a los tipos de contenido con los que interactúan y los formatos que resuenan con ellos. Elija un formato que se alinee con sus expectativas e intereses.

Recuerde, siempre puede experimentar con diferentes formatos de video para encontrar el que mejor se adapte a su contenido. La flexibilidad y la adaptación son claves para captar y mantener la atención de tu audiencia en TikTok.

Herramientas de edición y efectos de TikTok para mejorar videos

1. Después de grabar un video, toque el ícono "Marca de verificación" para acceder a la pantalla de edición. Aquí encontrará varias opciones para personalizar y mejorar su video.
2. Efectos: toque el botón "Efectos" en la parte inferior izquierda de la pantalla. Esto abrirá una biblioteca de efectos visuales y filtros que puede aplicar a su video. Explore las diferentes categorías y deslícese por los efectos para obtener una vista previa en tiempo real. Algunas categorías de efectos populares incluyen Belleza, Tendencias, Efectos especiales y AR (Realidad Aumentada).
3. Filtros: TikTok ofrece una variedad de filtros para mejorar el estado de ánimo y la apariencia de sus videos. Toque el botón "Filtros" en la parte inferior derecha de la pantalla para acceder a las opciones disponibles. Deslice el dedo hacia la izquierda o hacia la derecha para obtener una vista previa y seleccione un filtro que se adapte al estilo y tema de su video.
4. Temporizador: la función Temporizador le permite establecer una cuenta regresiva antes de que comience la grabación. Toque el botón "Temporizador" en la esquina inferior izquierda y luego ajuste la duración de la cuenta regresiva. Esto es particularmente útil si desea comenzar a grabar con manos libres o prepararse para acciones específicas dentro de su video.
5. Velocidad: toque el botón "Velocidad" en la esquina inferior derecha para ajustar la velocidad de su video. Puede optar por ralentizar o acelerar el metraje para crear efectos interesantes o igualar el ritmo de su

contenido. TikTok ofrece múltiples opciones de velocidad, incluidas 0.3x, 0.5x, 2x y más.

6. Recortar: si desea eliminar partes no deseadas del principio o el final de su video, toque el botón "Recortar" en la parte inferior. Arrastre los controles deslizantes en la línea de tiempo para seleccionar los puntos de inicio y final deseados de su video. Esto es útil para refinar su contenido y mantenerlo conciso.

7. Volumen y voz en off: ajuste los niveles de volumen de su audio original o agregue una voz en off a su video. Toque el botón "Volumen" para acceder a los controles de volumen. Puede aumentar o disminuir el volumen del audio original o tocar el ícono del micrófono para grabar una voz en off.

8. Texto y pegatinas: para agregar superposiciones de texto o pegatinas a su video, toque el botón "Texto" o "Pegatinas" en la parte inferior. Elija entre una variedad de estilos de texto y fuentes, y personalice el color, el tamaño y la posición del texto. Del mismo modo, puede navegar a través de una amplia selección de pegatinas para agregar elementos divertidos o informativos a su video.

9. Alinear y organizar: TikTok ofrece opciones para alinear y organizar múltiples clips dentro de su video. Toque el botón "Alinear" en la esquina inferior derecha para garantizar transiciones suaves entre los clips. También puede reorganizar el orden de los clips manteniéndolos presionados y arrastrándolos en la línea de tiempo.

10. Pantalla verde: para reemplazar el fondo de su video con imágenes o videos personalizados, toque el botón "Efectos" y luego seleccione la opción "Pantalla verde". Siga las instrucciones para configurar correctamente el efecto de pantalla verde y luego elija los medios de fondo deseados.

11. Vista previa de edición: a lo largo del proceso de edición, puede tocar el botón "Vista previa" en la parte inferior para ver cómo se ve su video con los efectos y ediciones aplicados. Esto lo ayuda a realizar los ajustes necesarios y garantiza que su video se vea pulido antes de publicarlo.

Recuerda, la clave para usar las herramientas y los efectos de edición de TikTok es experimentar, ser creativo y encontrar el estilo que mejor se adapte a tu contenido. Juega con diferentes combinaciones, pero asegúrate de no sobrecargar tu video con efectos excesivos. Deje que su contenido brille mientras utiliza las herramientas para mejorar su atractivo general.

Manténgase actualizado y participe en las tendencias populares de TikTok

Mantenerse actualizado y participar en las tendencias populares de TikTok puede ayudarlo a aumentar su visibilidad, interactuar con una audiencia más amplia y mantenerse relevante en la plataforma. Aquí hay una guía para ayudarlo a mantenerse actualizado sobre las tendencias de TikTok y participar de manera efectiva en ellas:

1. Explore la página Descubrir: La página Descubrir en TikTok es un gran recurso para descubrir contenido popular y de tendencia. Muestra una selección curada de videos, desafíos y hashtags de tendencias. Explore esta sección regularmente para mantenerse informado sobre las últimas tendencias y contenido viral.
2. Siga los hashtags de tendencias: Esté atento a los hashtags de tendencias relacionados con su nicho o

áreas de interés. Seguir estos hashtags te permite ver los últimos videos y desafíos asociados con ellos. Incorpore hashtags populares en su propio contenido para aumentar su visibilidad y alcance.

3. Siga a personas influyentes y creadores de tendencias: identifique y siga a personas influyentes y creadores de tendencias de TikTok que se alinean con sus intereses y nicho. Estos creadores a menudo participan e inician tendencias populares. Al seguirlos, puede mantenerse actualizado sobre su contenido, observar su enfoque de las tendencias e inspirarse para su propia participación.

4. Participe en desafíos: los desafíos son una parte importante de la cultura TikTok. Involucran a los usuarios que crean videos basados en un tema o concepto específico. Participar en desafíos puede ayudarlo a ganar exposición y conectarse con una audiencia más amplia. Esté atento a los desafíos de moda y cree su versión única de ellos. Agregue hashtags relevantes y participe activamente en el desafío interactuando con los videos de otros participantes.

5. Participe en la comunidad de TikTok: interactúe con otros creadores y espectadores de TikTok comentando, dando me gusta y compartiendo su contenido. Involucrarse con la comunidad lo ayuda a mantenerse conectado y construir relaciones. Deje comentarios bien pensados sobre videos de tendencias o desafíos para mostrar su apoyo y aumentar su visibilidad.

6. Manténgase activo en la página Para usted: La página Para usted (FYP) es donde el algoritmo de TikTok selecciona contenido personalizado para los usuarios en función de sus intereses y participación. Interactuar con una variedad de contenido en su FYP lo expone a diversas tendencias y lo ayuda a comprender lo que es

popular. Dedique tiempo regularmente a su FYP para mantenerse actualizado y obtener información sobre los tipos de contenido que resuenan con los usuarios.

7. Esté atento a los sonidos de TikTok: los sonidos o clips de audio de TikTok a menudo juegan un papel importante en las tendencias. Presta atención a los sonidos populares y explora los videos creados con ellos. Considere incorporar sonidos de tendencia en sus propios videos para aumentar las posibilidades de que se descubran y compartan.

8. Supervise las cuentas influyentes de TikTok: siga las cuentas influyentes de TikTok, como cuentas oficiales de marcas, creadores populares o cuentas dedicadas a seleccionar contenido viral. Estas cuentas a menudo crean o promueven tendencias, y mantenerse actualizado con su contenido puede brindarle información sobre las tendencias emergentes y ayudarlo a planificar su participación en consecuencia.

9. Experimente y agregue un toque único: mientras participa en las tendencias, intente agregar su perspectiva o toque único. Piensa creativamente y encuentra formas de destacarte dentro de la tendencia. Agregar su propio toque personal, humor o experiencia puede ayudar a que sus videos resuenen con los espectadores y llamen la atención.

10. Manténgase consistente: la consistencia es clave en TikTok. Publica contenido regularmente, interactúa con la comunidad y participa en las tendencias. Al aparecer y estar activo constantemente, aumenta sus posibilidades de descubrir y participar en tendencias populares.

Recuerde, las tendencias de TikTok van y vienen rápidamente, por lo que es esencial mantenerse proactivo, estar atento a los últimos acontecimientos y adaptarse al panorama en evolución. Diviértete, sé auténtico y aprovecha tu creatividad mientras participas en las tendencias.

Sección 3: Construyendo su marca TikTok

Definición de la identidad y los valores de la marca TikTok.

Definir la identidad y los valores de su marca TikTok es crucial para construir una presencia consistente y auténtica en la plataforma. Te ayuda a establecer una imagen clara, conectarte con tu público objetivo y diferenciarte de otros creadores de TikTok. Aquí hay una guía paso a paso para ayudarlo a definir la identidad y los valores de su marca TikTok:

1. Comprenda a su público objetivo: comience por obtener una comprensión profunda de su público objetivo. Considere sus datos demográficos, intereses, valores y puntos débiles. Identifique qué tipo de contenido resuena con ellos y qué esperan de los creadores de TikTok. Esta comprensión dará forma a la identidad de su marca para conectarse de manera efectiva y atraer a su audiencia.
2. Determine su nicho: defina el área o tema específico en el que desea enfocarse dentro de TikTok. Seleccione un nicho que se alinee con

sus pasiones, experiencia e intereses de la audiencia. Elegir un nicho te ayuda a establecerte como una autoridad y atraer seguidores dedicados. También le permite crear contenido que sea consistente y relevante para su marca.

3. Aclara la personalidad de tu marca: piensa en cómo quieres que tu audiencia perciba tu marca. Considere el tono de voz, el humor, los valores y la personalidad general que desea incorporar en su contenido. ¿Eres informativo, entretenido, peculiar o inspirador? Defina la personalidad de su marca para crear una presencia consistente y reconocible en TikTok.

4. Identifique su propuesta de venta única (USP): determine qué lo diferencia de otros creadores de TikTok en su nicho. Identifique su perspectiva única, experiencia o enfoque creativo que lo haga sobresalir. Esto podría ser una habilidad específica, un estilo de narración diferente o una forma única de entregar contenido. Su USP lo ayuda a crear un espacio distintivo y atraer a una audiencia leal.

5. Defina los valores de su marca: considere los valores que son importantes para usted y alinéelos con su contenido. Define los principios y creencias que guían tu presencia en TikTok. Esto podría incluir autenticidad, inclusión, positividad, humor o responsabilidad social. Los valores de su marca darán forma al tipo de contenido que cree y al mensaje que transmita a su audiencia.

6. Desarrolla una identidad visual coherente: establece un estilo visual coherente para tu contenido de TikTok. Esto incluye elementos como paletas de colores, fuentes y temas

visuales. Elija un estilo que refleje la personalidad de su marca y resuene con su público objetivo. La consistencia en la identidad visual ayuda en el reconocimiento de la marca y crea una imagen cohesiva y profesional.

7. Elabore una biografía convincente: use su biografía de TikTok para transmitir la identidad y los valores de su marca de manera concisa. Escriba una biografía clara y atractiva que capture la esencia de su marca e intrigue a los seguidores potenciales. Asegúrate de incluir palabras clave relacionadas con tu nicho para atraer a la audiencia adecuada.

8. Cree pautas de contenido: desarrolle pautas de contenido que se alineen con la identidad y los valores de su marca. Describa los tipos de contenido que creará, los temas preferidos y los límites o temas que debe evitar. Tener pautas establecidas ayuda a mantener la coherencia y garantiza que su contenido se mantenga fiel a su marca.

9. Interactúe y conéctese con su audiencia: cree una comunidad y fomente el compromiso con su audiencia. Responda a comentarios, mensajes y participe en conversaciones. Esta interacción fortalece la conexión con tus seguidores y demuestra el compromiso de tu marca para construir relaciones.

10. Evalúe y adapte continuamente: evalúe regularmente la identidad y los valores de su marca TikTok para asegurarse de que aún estén alineados con sus objetivos y resuenen con su audiencia. Manténgase abierto a los comentarios, controle las métricas de participación y realice los ajustes necesarios.

El panorama de TikTok evoluciona y su marca debe adaptarse en consecuencia.

Definir la identidad y los valores de su marca TikTok es un proceso continuo. Se necesita tiempo y experimentación para refinar la presencia de su marca y crear un impacto duradero. Manténgase fiel a sus valores, sea auténtico y entregue constantemente contenido que se alinee con la identidad de su marca.

Importancia de mostrar autenticidad y personalidad en el contenido de TikTok

Mostrar autenticidad y personalidad en el contenido de TikTok es crucial para crear una audiencia genuina y comprometida. Aquí hay algunas razones por las que la autenticidad y la personalidad son importantes en TikTok:

1. Genere confianza y conexión: TikTok es una plataforma donde los usuarios buscan contenido genuino y con el que se puedan relacionar. Cuando muestras tu yo auténtico, generas confianza con tu audiencia. La autenticidad crea una sensación de conexión y racionabilidad, lo que hace que sea más probable que sus espectadores interactúen con su contenido y lo apoyen.
2. Destaca en un espacio lleno de gente: TikTok está lleno de una gran cantidad de contenido de varios creadores. Para sobresalir, necesitas traer tu personalidad única a la vanguardia. Al

ser usted mismo, compartir sus experiencias y expresar su individualidad, crea una identidad distinta que lo diferencia de los demás.

3. Mejore el compromiso: TikTok prospera con el compromiso, y el contenido auténtico tiende a provocar niveles más altos de compromiso. Cuando los espectadores sienten una conexión genuina contigo, es más probable que comenten, den me gusta, compartan y sigan tu contenido. La autenticidad genera conversaciones y anima a los espectadores a participar en la comunidad de TikTok que estás creando.

4. Cultiva seguidores leales: generar seguidores leales es esencial para el éxito a largo plazo en TikTok. Cuando muestra su ser auténtico, atrae a personas de ideas afines que resuenan con sus valores, intereses y personalidad. Estos seguidores leales se convierten en sus defensores, comparten su contenido y lo ayudan a aumentar su alcance.

5. Abraza la singularidad: TikTok celebra la individualidad, la creatividad y la diversidad. Al mostrar tu verdadero yo, aceptas tu singularidad y animas a otros a hacer lo mismo. Esto fomenta un ambiente positivo e inclusivo donde todos se sienten cómodos expresándose con autenticidad.

6. Conéctese con su público objetivo: la autenticidad le permite conectarse con su público objetivo en un nivel más profundo. Al compartir sus experiencias personales, historias y perspectivas, crea contenido que resuena con aquellos que comparten intereses similares o han pasado por situaciones similares. Esta conexión fortalece su relación

con su audiencia y lo ayuda a comprender sus necesidades y preferencias.

7. Impulse la creatividad y la innovación: la autenticidad a menudo inspira la creatividad y la innovación. Cuando eres fiel a ti mismo, es más probable que experimentes, corras riesgos y explores nuevas ideas. Al mostrar tu personalidad, animas a otros a expresar su creatividad y pensar fuera de la caja, fomentando una cultura de innovación en TikTok.

Recuerda, la autenticidad no significa compartir en exceso o revelar todos los aspectos de tu vida. Se trata de ser genuino, fiel a sus valores y compartir contenido que se alinee con la identidad de su marca. Sea abierto, transparente y respetuoso con los límites de su audiencia. Acepta tu personalidad única y deja que brille a través de tu contenido, creando una presencia TikTok auténtica y atractiva.

Consejos para desarrollar un estilo visual y una estética coherentes para el perfil de TikTok

Desarrollar un estilo visual y una estética consistentes para su perfil de TikTok es esencial para crear una marca cohesiva y reconocible. Aquí hay algunos consejos para ayudarlo a lograr un estilo visual consistente:

1. Defina la identidad visual de su marca: comience por definir la identidad visual que desea representar en TikTok. Considere la personalidad de su marca, el nicho y el público

objetivo. ¿Quieres parecer vibrante y colorido, minimalista y limpio, o tener un tema específico? Defina los colores, las fuentes y el ambiente general de su marca para guiar sus decisiones visuales.

2. Elija una paleta de colores: seleccione una paleta de colores que se alinee con la personalidad de su marca y resuene con su público objetivo. Limite sus opciones de color a unos pocos colores clave que se usarán de manera consistente en todo su contenido. Esto ayuda a crear cohesión visual y hace que sus videos sean reconocibles al instante.

3. Use fuentes consistentes: elija algunas fuentes que reflejen el estilo de su marca y manténgalas a lo largo de sus videos. La consistencia en las opciones de fuentes ayuda a crear una experiencia visual cohesiva y agrega un toque profesional a su contenido. Considere usar una fuente para los títulos y otra para las leyendas o subtítulos.

4. Mantenga la consistencia visual en la edición: preste atención al estilo de edición y los efectos que usa en sus videos. Ya sean filtros, transiciones o superposiciones, intente mantener un enfoque coherente. Esto no significa usar el mismo efecto en cada video, sino más bien crear un estilo reconocible que une tu contenido.

5. Considere temas visuales: explore la idea de usar temas visuales que se alineen con su marca y nicho. Esto podría ser un fondo específico, accesorios o elementos recurrentes que aparecen en sus videos. Los temas visuales agregan cohesión y ayudan a establecer su identidad visual única.

6. Preste atención al encuadre y la composición: experimente con técnicas de encuadre y composición para mejorar el atractivo visual de sus videos. Considere la regla de los tercios, las líneas principales y la simetría para crear tomas visualmente agradables. Los videos bien compuestos parecen más profesionales y visualmente atractivos.
7. Incorpore elementos de marca: integre elementos de marca, como logotipos, marcas de agua o gráficos consistentes, en sus videos. Esto refuerza sutilmente la identidad de su marca y ayuda a los espectadores a asociar su contenido con su marca.
8. Vista previa y evaluación: antes de publicar sus videos, obtenga una vista previa para asegurarse de que se alineen con el estilo visual deseado. Tómese un momento para evaluar si los colores, las fuentes y la estética general son consistentes con la identidad de su marca. Hacer estos pequeños ajustes puede afectar significativamente la cohesión visual de su perfil.
9. Busque inspiración, pero manténgase único: es útil buscar inspiración en otros creadores o marcas de TikTok en su nicho, pero evite copiar su estilo visual directamente. En cambio, inspírate y adáptalo para crear tu identidad visual única. Encuentre maneras de sobresalir mientras mantiene una apariencia consistente y cohesiva.
10. Supervise y ajuste: supervise continuamente el rendimiento visual de su contenido de TikTok. Preste atención a la participación de la audiencia, los comentarios y las métricas para identificar qué resuena con sus espectadores.

Con base en estos comentarios, realice ajustes y perfeccione su estilo visual para satisfacer mejor las preferencias de su audiencia.

La consistencia en su estilo visual ayuda a generar reconocimiento de marca y crea una experiencia memorable para sus espectadores. Sea intencional con sus elecciones, experimente y adáptese según sea necesario mientras se mantiene fiel a la identidad visual de su marca.

Cómo crear subtítulos atractivos y utilizar hashtags efectivos

Crear subtítulos atractivos y utilizar hashtags efectivos en TikTok puede afectar significativamente la capacidad de descubrimiento y la participación de su contenido. Aquí hay algunos consejos para ayudarlo a crear subtítulos cautivadores y aprovechar al máximo los hashtags:

Creación de subtítulos atractivos:

1. Sea conciso y que llame la atención: los subtítulos de TikTok tienen un espacio limitado, por lo que es importante que su mensaje sea conciso y que llame la atención. Comience con un gancho o una pregunta convincente para cautivar a los espectadores e incitarlos a ver su video.
2. Muestra personalidad y tono: infunde tus subtítulos con tu personalidad única y el tono de tu marca. Sea auténtico, conversacional y relacionable. Deje que sus subtítulos reflejen

la voz y los valores de su marca, ya sean humorísticos, informativos o inspiradores.

3. Agregue contexto o narración: use subtítulos para proporcionar elementos de contexto o narración que complementen su video. Puede compartir detalles detrás de escena, información adicional o fragmentos intrigantes que despierten la curiosidad de los espectadores.

4. Llamada a la acción (CTA): aliente a los espectadores a interactuar con su video al incluir una clara llamada a la acción en su pie de foto. Pídales que den Me gusta, comenten, compartan, sigan o participen en un desafío o tendencia específica. Los CTA ayudan a impulsar el compromiso y crear una comunidad en torno a su contenido.

5. Use emojis y símbolos: los emojis y los símbolos pueden agregar atractivo visual y transmitir emociones o ideas en una forma compacta. Úselos con moderación y estratégicamente para mejorar sus subtítulos y hacer que se destaquen.

Utilizando hashtags efectivos:

1. Investigue hashtags relevantes: identifique hashtags populares y relevantes dentro de su nicho. Investigue los hashtags de moda, explore la página Descubrir y vea qué hashtags están usando los influentes o creadores similares. Busque hashtags con un nivel moderado de compromiso para aumentar sus posibilidades de ser descubierto.

2. Mezcle Hashtags amplios y específicos de nicho: incluya una combinación de hashtags

más amplios y hashtags más específicos relacionados con nichos. Los hashtags amplios como #foryoupage o #tiktoktrends pueden exponer su contenido a una audiencia más amplia, mientras que los hashtags específicos de nicho como #beautyhacks o #fitnessmotivation lo ayudan a dirigirse a una audiencia más enfocada e interesada.

3. Use hashtags en la leyenda o el comentario: puede agregar hashtags en la leyenda misma o en un comentario separado. El algoritmo de TikTok reconoce hashtags en ambas ubicaciones, así que elige la opción que se vea visualmente atractiva y se ajuste a tu estilo de subtítulos.

4. Limite los hashtags a un número razonable: si bien TikTok permite hasta 100 hashtags por publicación, es mejor centrarse en la calidad sobre la cantidad. Apunta a algunos hashtags específicos que sean más relevantes para tu contenido. Usar demasiados hashtags puede hacer que tus subtítulos se vean desordenados y como spam.

5. Cree hashtags de marca: considere crear sus propios hashtags de marca para crear una comunidad en torno a su contenido. Los hashtags de marca ayudan a los usuarios a encontrar todos sus videos relacionados en un solo lugar y alientan a otros a participar o interactuar con su contenido.

6. Manténgase actualizado sobre los hashtags de tendencias: Esté atento a los hashtags de tendencias y los desafíos dentro de la comunidad TikTok. Participar en estas tendencias mediante el uso de hashtags

relevantes puede aumentar su visibilidad y atraer nuevos espectadores.

7. Investigue el rendimiento de los hashtags: controle el rendimiento de los hashtags que utiliza. Preste atención a las métricas de participación, como vistas, me gusta y comentarios, para determinar qué hashtags son más efectivos para llegar a su público objetivo.

Recuerde, tanto los subtítulos atractivos como los hashtags efectivos juegan un papel crucial para atraer espectadores, aumentar el compromiso y aumentar su presencia en TikTok. Experimente con diferentes enfoques, analice sus resultados y refine sus estrategias de subtítulos y hashtags en función de la respuesta de la audiencia y las tendencias en su nicho.

Explore las funciones Dueto y Stich de TikTok para colaborar con otros creadores

Las funciones Dueto y Stich de TikTok brindan oportunidades emocionantes para colaborar con otros creadores, lo que le permite expandir su alcance, interactuar con la comunidad TikTok y crear contenido único. Aquí hay una exploración de las características de Dueto y Stich y cómo puede utilizarlas para la colaboración:

1. Función Dueto: la función Dueto le permite crear un video de pantalla dividida junto con otro video TikTok. Le permite colaborar con otros creadores, responder a su contenido o crear reacciones en

paralelo. Aquí se explica cómo utilizar la función Dueto:

- Encuentre un video para hacer un dueto: navegue a través de TikTok y encuentre un video con el que quiera hacer un dueto. Puede ser un video de un creador que admiras, un video de tendencias o incluso un video de tus propios seguidores.
- Toque el botón Compartir: Toque el botón Compartir en el lado derecho del video con el que desea hacer un dueto. Esto abrirá una lista de opciones para compartir.
- Seleccione "Dueto": de las opciones para compartir, elija la opción "Dueto". Esto abrirá la pantalla de grabación con el video original en un lado y tu cámara en el otro lado.
- Grabe su dúo: use la pantalla de grabación para capturar su lado del dúo. Puede reaccionar, bailar, sincronizar los labios, agregar comentarios o crear cualquier contenido que complemente el video original. Sea creativo y asegúrese de que su dúo se alinee con su marca y estilo.
- Edite y mejore: después de grabar su dúo, puede editarlo con las herramientas de edición de TikTok. Agregue efectos, filtros, texto o ajuste la velocidad del video para mejorar su dúo y hacerlo más atractivo.
- Publique y participe: una vez que esté satisfecho con su dúo, agregue una leyenda, hashtags y cualquier detalle adicional. Publíquelo en su perfil e interactúe con los comentarios e interacciones que reciba.

2. Función de unión: la función de unión le permite recortar e incorporar un fragmento del video de otro usuario en su propio video de TikTok. Es una excelente manera de responder, desarrollar o crear una

nueva perspectiva a partir de un video existente. A continuación se explica cómo utilizar la función Stich:

- Encuentre un video para unirlo: descubra un video con el que desee unirlo. Busque contenido interesante, tutoriales, reacciones o cualquier cosa que lo inspire a crear una respuesta o desarrollar el video original.
- Toque el botón Compartir: Toque el botón Compartir en el video con el que desea unir. De las opciones para compartir, seleccione la opción "Stich". Esto abrirá la pantalla de grabación.
- Elija el clip: en la pantalla de grabación, verá el video original con una línea de tiempo. Arrastre la línea de tiempo para seleccionar la parte específica del video que desea unir. Puede elegir unos segundos o todo el video, según su intención.
- Grabe su puntada: una vez que haya seleccionado el clip, toque el botón de grabación para comenzar a grabar su puntada. Aproveche esta oportunidad para agregar su perspectiva, comentario, reacción o contenido adicional para complementar el video original.
- Edite y mejore: después de grabar su puntada, puede usar las herramientas de edición de TikTok para hacer ajustes, agregar efectos, subtítulos o cualquier otra mejora para hacer que su puntada sea más atractiva y visualmente atractiva.
- Publicar y participar: agregue un pie de foto, hashtags relevantes y cualquier otro detalle necesario para su puntada. Publíquelo en su perfil e interactúe con los comentarios e interacciones que genera.

Consejos para la colaboración con Dueto y Stich:

- Sea respetuoso y atractivo: cuando colabore con otros creadores a través de Dueto y Stich, asegúrese de que su contenido se alinee con el video original y mantenga un tono respetuoso. Interactuar con el contenido del creador original, responder a sus ideas o desarrollar su mensaje de manera positiva y constructiva.

- Agregue valor y creatividad: use las funciones Dueto y Stich como una oportunidad para mostrar su creatividad, agregar valor al video original o aportar una nueva perspectiva. Encuentre formas únicas de colaborar y contribuir con algo significativo a la comunidad de TikTok.
- Explore diferentes estilos de contenido: Dueto y Stich le permiten experimentar con diferentes estilos de contenido, como reacciones, parodias de comedia, tutoriales o narraciones. No tenga miedo de probar nuevos formatos y ver qué resuena con su audiencia.
- Colabora con creadores afines: busca creadores que compartan intereses, valores o estilos de contenido similares. Colaborar con personas de ideas afines puede ayudarlo a construir una red, promocionar el contenido de los demás y fomentar un sentido de comunidad dentro de su nicho.
- Dar crédito: al usar Dueto o Stich, es importante dar crédito al creador original. Reconozca su trabajo etiquetando su nombre de usuario o mencionándolo en su pie de foto. Esto promueve el respeto, el aprecio y el reconocimiento adecuado dentro de la comunidad TikTok.

Las funciones Dueto y Stich brindan excelentes oportunidades para la colaboración y la expresión creativa en TikTok. Explore estas funciones, interactúe con otros creadores y utilícelas para crear conexiones, ampliar su alcance y crear contenido único y atractivo.

Sección 4: Hacer crecer sus seguidores de TikTok

Cómo funciona el algoritmo de TikTok y cómo optimizar el contenido para una máxima visibilidad

Comprender cómo funciona el algoritmo de TikTok y optimizar su contenido en consecuencia puede mejorar en gran medida sus posibilidades de ganar visibilidad y llegar a una audiencia más amplia. Si bien el algoritmo de TikTok es complejo y está en constante evolución, aquí hay algunos factores clave que influyen en su funcionamiento y consejos para optimizar su contenido:

1. Feed personalizado: el algoritmo de TikTok adapta el contenido que se muestra en la página "Para ti" de cada usuario en función de sus interacciones, preferencias y comportamiento anteriores. El objetivo es proporcionar un feed personalizado y atractivo para cada usuario. Así es como puede optimizar su contenido para el feed personalizado:

Cree contenido de alta calidad: concéntrese en producir videos de alta calidad que cautiven y atraigan a los espectadores. Use imágenes que llamen la atención, narraciones convincentes y audio claro para mejorar la experiencia general.

Comprenda a su público objetivo: investigue y comprenda los intereses, las preferencias y los temas de tendencia de su público objetivo. Adapte su contenido para resonar con su audiencia específica y brindarles valor.

Interactuar con los espectadores: anime a los espectadores a que les gusten, comenten y compartan sus videos. Responda a los comentarios, interactúe con su audiencia y cree una comunidad en torno a su contenido. El algoritmo considera el compromiso como una señal positiva y puede promocionar su contenido a una audiencia más amplia.

2. Métricas de rendimiento de video: el algoritmo de TikTok también tiene en cuenta varias métricas de rendimiento para determinar el alcance y la visibilidad de su contenido. Aquí hay algunas métricas a considerar y consejos para optimizar su contenido en función de ellas:

Tiempo de visualización: TikTok valora el tiempo de visualización, que se refiere a la cantidad de tiempo que los usuarios pasan viendo su video. Cree contenido atractivo que capte la atención desde el principio y anime a los espectadores a ver el video completo. Mantenga sus videos concisos, entretenidos e informativos.

Tasa de finalización: la tasa de finalización mide cuántos espectadores ven su video de principio a fin. Llame la atención rápidamente, entregue su mensaje de manera efectiva y mantenga el interés del espectador durante todo el video. Evite las introducciones largas o el contenido de relleno que podría provocar abandonos.

Me gusta, comentarios y recursos compartidos: aliente a los espectadores a interactuar con su contenido haciendo preguntas, usando elementos interactivos o incluyendo llamadas a la acción. Los Me gusta, los comentarios y las acciones compartidas contribuyen a una mayor visibilidad y pueden conducir a un mayor alcance.

Viralidad y contenido de tendencias: manténgase actualizado con las tendencias de TikTok y participe en desafíos o tendencias populares cuando sea relevante para su contenido. La creación de contenido que se alinee con los temas de moda puede aumentar sus posibilidades de volverse viral y llegar a un público más amplio.

Optimización de contenido: para optimizar su contenido para obtener la máxima visibilidad, tenga en cuenta los siguientes consejos:

Use hashtags relevantes: investigue y use hashtags relevantes que sean populares dentro de su nicho. Esto puede ayudar a que su contenido aparezca en las búsquedas de hashtags y aumente su visibilidad.

Cree miniaturas que llamen la atención: las miniaturas son la primera impresión que los espectadores tienen de su video. Use miniaturas visualmente atractivas y convincentes que representen con precisión su contenido y atraigan a los usuarios a hacer clic y mirar.

Publica constantemente: Publica contenido regularmente para mantener la visibilidad y el compromiso con tu audiencia. La consistencia muestra tu dedicación y puede ayudar a establecer una base de seguidores leales.

Colabore e interactúe con otros: colabore con otros creadores a través de las funciones Dueto y Stich, interactúe con su contenido y participe en la comunidad TikTok. Construir conexiones e interactuar con otros puede conducir a una mayor visibilidad y alcance.

Analice y adapte: use las herramientas de análisis integradas de TikTok para obtener información sobre el rendimiento de su contenido. Supervise métricas como vistas, me gusta, acciones y retención de audiencia. Analiza qué funciona bien y adapta tu estrategia de contenido en consecuencia.

Es importante tener en cuenta que, si bien la optimización de su contenido puede mejorar la visibilidad, la creación de contenido genuino y auténtico siempre debe ser el enfoque principal. Sea fiel a su marca, interactúe con su audiencia y experimente con diferentes estilos de contenido para encontrar lo que resuena mejor. Comprender el algoritmo y optimizar su contenido en función de sus principios

Crear un perfil de TikTok atractivo que atraiga seguidores

Crear un perfil de TikTok atractivo es crucial para atraer seguidores y dejar una impresión duradera en los espectadores. Aquí hay una guía para ayudarlo a crear un perfil de TikTok cautivador:

1. Elija un nombre de usuario memorable: seleccione un nombre de usuario que sea fácil de recordar, refleje su marca o personalidad y se alinee con su nicho de contenido. Evite usar nombres de usuario complejos o confusos que puedan ser difíciles de recordar para los espectadores.
2. Imagen de perfil: use una imagen de perfil clara y llamativa que represente su marca o muestre su personalidad. Debe ser visualmente

atractivo, reconocible y destacarse en un formato de miniatura pequeño. Considere usar una foto de alta resolución o un logotipo que represente su marca.

3. Biografía y descripción: elabore una biografía concisa y atractiva que resuma su contenido y capte el interés de los espectadores. Use este espacio para resaltar lo que hace que su contenido sea único, comparta sus pasiones e incluya palabras clave relevantes. También puede agregar enlaces a sus otras cuentas de redes sociales o sitios web.

4. Defina su marca: establezca un estilo de marca consistente que se alinee con su contenido y resuene con su público objetivo. Esto incluye el tema de su contenido, la estética visual, el tono de voz y el mensaje general. La consistencia en la marca ayuda a los espectadores a reconocer y conectarse con su contenido.

5. Muestre sus mejores videos: presente sus mejores y más populares videos en su perfil. Elija videos que representen su estilo de contenido, muestren su creatividad y hayan recibido una participación positiva. Esto ayuda a los espectadores a probar su contenido de un vistazo.

6. Miniaturas de video: preste atención a las miniaturas de sus videos. Seleccione miniaturas visualmente atractivas e intrigantes que representen con precisión el contenido de sus videos. Las miniaturas que se destacan pueden atraer a los espectadores a hacer clic en sus videos y explorar más.

7. Carrete destacado: utilice la función Carrete destacado para mostrar sus mejores categorías

de contenido, colaboraciones, desafíos o cualquier otro punto destacado de su viaje TikTok. Esto permite a los espectadores explorar fácilmente aspectos específicos de su contenido.

8. Interactúe con su audiencia: interactúe activamente con sus seguidores y responda a los comentarios. Muestre aprecio por su apoyo, responda sus preguntas y fomente un sentido de comunidad. Esta interacción ayuda a generar lealtad y alienta a los espectadores a seguir interactuando con su contenido.

9. Utilice las funciones de TikTok: aproveche las funciones de TikTok para mejorar su perfil. Experimente con efectos, filtros, transiciones y otras herramientas creativas para que sus videos sean visualmente atractivos y únicos. Utilice las funciones Dueto y Stich para colaborar con otros creadores y ampliar su alcance.

10. Promoción cruzada: Promocione su perfil de TikTok en sus otras plataformas de redes sociales y viceversa. Informe a sus seguidores en otras plataformas que está activo en TikTok y proporcione enlaces o nombres de usuario para que lo descubran fácilmente.

11. Manténgase activo y consistente: publique contenido regularmente para mantener su perfil activo e interactuar con su audiencia de manera constante. La consistencia genera confianza, atrae a más seguidores y alienta a los espectadores a seguir regresando por más.

Recuerde, la clave para un perfil de TikTok atractivo es mantenerse fiel a usted mismo, mostrar su creatividad y brindar valor a su audiencia. Analice continuamente el rendimiento de su perfil, experimente con diferentes estrategias y adáptese en función de los comentarios de la audiencia y las tendencias dentro de su nicho.

Estrategias para interactuar con la comunidad TikTok a través de comentarios, colaboraciones y desafíos.

Involucrarse con la comunidad TikTok a través de comentarios, colaboraciones y desafíos es una excelente manera de construir conexiones, aumentar la visibilidad y fomentar un sentido de comunidad. Aquí hay algunas estrategias para ayudarlo a interactuar de manera efectiva con la comunidad TikTok:

1. Comentarios significativos:

- Sea genuino: deje comentarios reflexivos y genuinos en los videos de otros creadores. Muestre aprecio por su contenido, comparta sus pensamientos o haga preguntas relevantes. Evite comentarios genéricos o spam.
- Participe en conversaciones: responda a los comentarios en sus propios videos e inicie conversaciones con sus espectadores. Fomente el diálogo, responda preguntas y muestre interés por sus opiniones. Esto ayuda a construir una comunidad leal y comprometida.
- Siga las tendencias de TikTok: participe en tendencias o desafíos de comentarios dejando comentarios creativos y relevantes en videos de tendencias. Esto puede aumentar su

visibilidad y atraer nuevos espectadores a su perfil.

2. Colaboraciones:

- Póngase en contacto con creadores de ideas afines: identifique creadores dentro de su nicho que compartan intereses o estilos de contenido similares. Comuníquese con ellos a través de mensajes directos o comentarios, expresando su interés en colaborar. Las colaboraciones pueden incluir duetos, desafíos o proyectos de video conjuntos.
- Promocionarse entre sí: la colaboración con otros creadores le permite acceder a su audiencia y viceversa. Promocionen el contenido de cada uno mostrándose en videos, mencionándose en subtítulos o creando contenido promocional conjunto.
- Aproveche las funciones Dueto y Stich: utilice las funciones Dueto y Stich de TikTok para colaborar con otros creadores directamente en sus videos. Esto le permite responder, reaccionar o agregar su toque único a su contenido, fomentando la colaboración y el compromiso.

3. Desafíos:

- Participe en desafíos populares: manténgase actualizado sobre los desafíos de moda dentro de su nicho y participe en ellos. Cree su versión única del desafío, muestre su creatividad y use hashtags relevantes para aumentar la visibilidad.

- Cree sus propios desafíos: desarrolle y lance sus propios desafíos para interactuar con su audiencia y fomentar el contenido generado por los usuarios. Proponga un concepto atractivo, proporcione instrucciones claras y promueva su desafío a través de sus videos, subtítulos y otras plataformas de redes sociales.
- Interactuar con los participantes del desafío: interactúe regularmente con los usuarios que participan en sus desafíos. Dale me gusta, comenta y comparte sus videos para mostrar agradecimiento por sus esfuerzos. Esto motiva a los participantes a continuar interactuando con su contenido y alienta a otros a unirse.

4. Siga e interactúe con la comunidad TikTok:

- Siga a los creadores relevantes: encuentre creadores que lo inspiren o comparta temas de contenido similares. Sígalos para mantenerse actualizado sobre su contenido e interactuar con sus videos y comentarios. Establecer relaciones con otros creadores puede dar lugar a oportunidades de colaboración y promoción cruzada.
- Interactuar con Hashtags: Descubra y explore hashtags populares relacionados con su nicho. Participe con videos bajo esos hashtags dejando comentarios, me gusta y compartiendo. Esto lo ayuda a conectarse con creadores de ideas afines y seguidores potenciales que comparten intereses similares.

Recuerde, la clave para una participación exitosa es ser auténtico, respetuoso y coherente. Interactúe activamente con la comunidad TikTok, muestre aprecio por el contenido de los demás y proporcione valor a través de su propio contenido. Construir conexiones genuinas y fomentar una comunidad de apoyo contribuirá a su éxito en TikTok.

Consejos sobre cómo colaborar con otros creadores de TikTok para ampliar el alcance

Colaborar con otros creadores de TikTok es una estrategia poderosa para expandir su alcance, acceder a nuevas audiencias y fomentar un sentido de comunidad dentro de la plataforma. Aquí hay algunos consejos para ayudarlo a aprovechar al máximo las colaboraciones:

1. Identifique a los creadores relevantes: busque creadores de TikTok que se alineen con su nicho de contenido, compartan intereses similares o tengan un estilo complementario. Colaborar con creadores cuya audiencia coincide con la tuya puede ayudarte a llegar a una audiencia más amplia y específica.
2. Comuníquese y establezca una conexión: una vez que haya identificado a los posibles colaboradores, comuníquese con ellos a través de la función de mensajería directa de TikTok o a través de sus otras plataformas de redes sociales. Sea genuino, exprese su admiración por su contenido y proponga la idea de colaboración. Los mensajes personalizados que muestran que has investigado y aprecias su trabajo tienen más probabilidades de obtener una respuesta positiva.

3. Defina claramente la colaboración: discuta y acuerde el tipo de colaboración que desea realizar. Podría implicar la creación de dúos, videos de unión, videos de reacción o incluso colaborar en un proyecto conjunto. Describa claramente el propósito, el formato y las expectativas de la colaboración para garantizar que ambas partes estén en la misma página.
4. Alinee el contenido y la audiencia: asegúrese de que la colaboración se alinee con los temas de contenido de ambos creadores y resuene con sus respectivas audiencias. El contenido debe complementar los estilos de cada uno y proporcionar valor a ambos grupos de seguidores. Esto ayuda a mantener la autenticidad y asegura que la colaboración se sienta natural y genuina.
5. Planifique y coordine: las colaboraciones requieren coordinación y planificación para crear contenido cohesivo y atractivo. Discuta los detalles, como los conceptos de video, los guiones, los cronogramas de filmación y las pautas o requisitos específicos. Decida cómo promoverá y realizará una promoción cruzada de la colaboración en sus respectivos perfiles para maximizar la visibilidad.
6. Aproveche las fortalezas de los demás: las colaboraciones le permiten aprovechar las fortalezas y la experiencia de los demás. Identifique las cualidades o habilidades únicas que cada creador aporta y encuentre formas de mostrarlas y resaltarlas en la colaboración. Esto puede hacer que el contenido sea más atractivo y brindar una nueva perspectiva para sus audiencias.

7. Promoción y promoción cruzada: una vez que la colaboración esté activa, promuévala activamente en los perfiles de los creadores y otras plataformas de redes sociales. Comparta clips rompecabezas, imágenes detrás de escena o promociónelo a través de subtítulos atractivos. La promoción cruzada de la colaboración aumenta su visibilidad y alienta a su público a consultar los perfiles de los demás.

8. Involucrar e interactuar: anime a los espectadores a participar en la colaboración al dejar comentarios, compartir y darle me gusta al video. Responda a los comentarios e interactúe con la audiencia para fomentar un sentido de comunidad y fomentar una mayor interacción. Esto aumenta la visibilidad de la colaboración y crea una experiencia de usuario positiva.

9. Evaluar y aprender: después de la colaboración, evalúe su desempeño e impacto. Analice las métricas de participación, el crecimiento de la audiencia y los comentarios de sus seguidores. Aprenda de la experiencia para refinar futuras colaboraciones y continúe construyendo relaciones con otros creadores.

Colaborar con otros creadores de TikTok es una forma fantástica de expandir tu alcance, acceder a nuevas audiencias y fomentar un sentido de comunidad. Al seleccionar cuidadosamente a los colaboradores, planificar de manera efectiva y aprovechar las fortalezas de cada uno, puede crear contenido atractivo y mutuamente beneficioso que resuene con ambos grupos de seguidores.

Explore la promoción cruzada en otras plataformas de redes sociales para aumentar el seguimiento de TikTok

La promoción cruzada en otras plataformas de redes sociales puede ser una estrategia efectiva para aumentar su seguimiento de TikTok y atraer nuevos espectadores. Estos son algunos consejos para la promoción cruzada de su contenido de TikTok en otras plataformas de redes sociales:

1. Elija las plataformas adecuadas: identifique en qué plataformas de redes sociales su público objetivo es más activo. Concentre sus esfuerzos de promoción cruzada en plataformas donde ya tiene presencia y seguidores. Las plataformas comunes para la promoción cruzada incluyen Instagram, YouTube, Twitter, Facebook y Snapchat.

2. Cree contenido rompecabezas: cree breves clips rompecabezas o aspectos destacados de sus videos de TikTok diseñados específicamente para otras plataformas. Estos avances deben llamar la atención, dar un vistazo a su contenido de TikTok e incluir un llamado a la acción para seguirlo en TikTok y obtener más información.

3. Utilice las funciones de la historia: muchas plataformas de redes sociales, como Instagram y Facebook, tienen funciones de la historia que le permiten compartir contenido temporal. Use estas funciones para compartir imágenes detrás de escena, adelantos de los próximos videos de TikTok o fragmentos atractivos que atraigan a los espectadores a seguirlo en TikTok.

4. Comparta enlaces directos: al promocionar su contenido de TikTok en otras plataformas,

proporcione enlaces directos a su perfil de TikTok o videos específicos. Facilite que sus seguidores en otras plataformas accedan a su contenido de TikTok al incluir enlaces en los que se puede hacer clic en sus perfiles, biografías o subtítulos de redes sociales.

5. Aproveche los subtítulos y las descripciones: elabore subtítulos o descripciones convincentes que acompañen a sus publicaciones de promoción cruzada. Explique el valor y los aspectos únicos de su contenido de TikTok y anime a sus seguidores en otras plataformas a seguirlo en TikTok para ver videos más entretenidos y atractivos.

6. Utilice hashtags: incluya hashtags relevantes en sus publicaciones de promoción cruzada para aumentar su visibilidad en otras plataformas de redes sociales. Investigue hashtags populares dentro de su nicho y utilícelos estratégicamente para llegar a un público más amplio.

7. Colaborar con otros creadores de contenido: colaborar con otros creadores de contenido que tienen presencia en múltiples plataformas puede ayudarlo a aprovechar su audiencia existente. Al mostrarse mutuamente en publicaciones de promoción cruzada o incluso al crear contenido conjunto, puede exponer su perfil de TikTok a un nuevo conjunto de seguidores potenciales.

8. Interactúe con su audiencia: interactúe activamente con sus seguidores en otras plataformas de redes sociales respondiendo comentarios, respondiendo preguntas y mostrando agradecimiento por su apoyo. Construir conexiones y fomentar relaciones

puede alentarlos a ver su contenido de TikTok y seguirlo allí también.

9. Analice y adapte: Supervise el rendimiento y el compromiso de sus esfuerzos de promoción cruzada. Utilice las herramientas de análisis proporcionadas por cada plataforma para realizar un seguimiento de la eficacia de sus publicaciones y determinar qué estrategias producen los mejores resultados. Ajuste sus tácticas de promoción cruzada en consecuencia para optimizar sus esfuerzos.

Recuerde, la consistencia y la calidad son claves en la promoción cruzada. Comparta continuamente contenido atractivo y de alta calidad tanto en TikTok como en otras plataformas de redes sociales para mantener el interés y atraer nuevos seguidores. Al realizar una promoción cruzada estratégica de su contenido de TikTok, puede expandir su alcance y crear seguidores más grandes y comprometidos.

Concepto de marca personal y cómo se aplica a TikTok

La marca personal se refiere al proceso de establecer y promover la identidad, los valores, la experiencia y la personalidad únicos de un individuo para diferenciarse de los demás y crear una impresión memorable. Se trata de moldear intencionalmente cómo los demás te perciben y lo que representas.

En TikTok, la marca personal es esencial para que los creadores se destaquen en un vasto mar de contenido y se conecten con su público objetivo de manera efectiva. Así es como se aplica la marca personal a TikTok:

1. Autenticidad y singularidad: la marca personal en TikTok comienza con ser auténtico y aceptar tus cualidades únicas. Comparta su ser genuino, exprese sus pasiones y deje que su personalidad brille a través de su contenido. Las personas resuenan con autenticidad y es más probable que interactúen con contenido que se siente real y con el que se pueden relacionar.

2. Identificación de su nicho: determine su nicho de contenido o área de especialización en TikTok. Esto lo ayuda a establecerse como una autoridad o una fuente de referencia para temas específicos. Encuentre un equilibrio entre sus intereses y lo que le interesa a su público objetivo, asegurándose de que haya demanda para el contenido que proporciona.

3. Coherencia en el contenido: establezca un estilo, un tono y un formato coherentes para su contenido de TikTok. La consistencia ayuda a los espectadores a reconocer y recordar su marca. Considere factores como el tema de su contenido, la estética visual, las técnicas de narración y el mensaje general que desea transmitir. Esto crea una identidad de marca cohesiva y reconocible.

4. Creación de una historia de marca: elabore una historia de marca convincente que refleje sus valores, viaje y propósito. Comparta sus experiencias, éxitos, fracasos y lecciones aprendidas. Una historia de marca bien elaborada ayuda a los espectadores a conectarse contigo en un nivel más profundo y establece un vínculo emocional.

5. Interactuar con su audiencia: interactúe activamente con su audiencia respondiendo a los comentarios, solicitando su opinión y fomentando un sentido de comunidad. Muestre aprecio por su apoyo, aborde sus preguntas y establezca relaciones con sus seguidores. Comprometerse con su audiencia ayuda a establecer una base de seguidores leales y fortalece su marca personal.

6. Mostrar experiencia y valor: demuestre su experiencia y brinde valor a su audiencia a través de su contenido TikTok. Comparta consejos útiles, ideas, tutoriales o contenido entretenido que eduque, inspire o entretenga a sus espectadores. Colóquese como un recurso valioso en su nicho para establecer credibilidad y confianza.

7. Identidad visual coherente: preste atención a los elementos de su marca visual, como la

imagen de perfil, las imágenes de portada y las miniaturas de video. Use colores, fuentes y estilos visuales consistentes que se alineen con su marca personal. Esto crea una presencia cohesiva y visualmente atractiva en TikTok.

8. Colaboración y redes: colabora con otros creadores de TikTok que comparten valores similares o complementan tu contenido. Las colaboraciones pueden exponerlo a nuevas audiencias y ayudarlo a expandir su alcance. La creación de redes con otros creadores también puede generar oportunidades y crecimiento dentro de la comunidad TikTok.

9. Presencia fuera de TikTok: extienda su marca personal más allá de TikTok al tener presencia en otras plataformas de redes sociales, como Instagram, Twitter o YouTube. Mantén una identidad de marca consistente en estas plataformas, realiza promociones cruzadas de tu contenido de TikTok e interactúa con tu audiencia en múltiples plataformas.

Recuerda, construir una marca personal requiere tiempo y esfuerzo. Sea paciente, manténgase fiel a usted mismo y entregue constantemente contenido de alta calidad que se alinee con su marca personal. A medida que evoluciona su marca personal en TikTok, evalúe y perfeccione continuamente su estrategia en función de los comentarios de la audiencia y las tendencias cambiantes dentro de su nicho.

Creador Fundó de TikTok y cómo los creadores pueden ganar dinero a través de él

El Fondo para creadores de TikTok es un programa diseñado para apoyar financieramente a los creadores de TikTok y brindarles la oportunidad de ganar dinero con su contenido. Ofrece una forma para que los creadores moneticen sus esfuerzos y dedicación en la plataforma. Aquí hay una descripción general del Fondo para creadores de TikTok y cómo los creadores pueden ganar dinero a través de él:

1. Elegibilidad: para ser elegible para TikTok Creador Fundó, los creadores deben cumplir con ciertos criterios establecidos por TikTok. Estos criterios pueden incluir factores como la cantidad de seguidores, las vistas de video y el cumplimiento de las Pautas de la comunidad de TikTok.
2. Proceso de solicitud: los creadores interesados en unirse al Creador Fundó deben presentar su solicitud a través de la aplicación TikTok. TikTok revisa las solicitudes y notifica a los creadores si han sido aceptados en el programa.
3. Asignación de fondos: una vez aceptados en Creador Fundó, los creadores pueden comenzar a ganar dinero según el rendimiento de su video. El fondo se distribuye entre los creadores en función de factores como las vistas de video, la participación y la popularidad general. TikTok determina la cantidad de dinero que gana cada creador mediante un algoritmo patentado.

4. Generación de ingresos: el Fondo para creadores genera ingresos principalmente a través de la publicidad. Cuando los anuncios se muestran en o alrededor del contenido de un creador, una parte de los ingresos generados por esos anuncios va al creador. Cuantas más vistas e interacción reciban los videos de un creador, mayores serán sus ganancias potenciales.

5. Estructura de pago: TikTok paga a los creadores según un modelo de CPM (costo por mil), donde los creadores ganan dinero por cada mil vistas que reciben sus videos. La estructura de pago exacta varía y puede depender de factores como la ubicación geográfica y los formatos de los anuncios. TikTok normalmente paga a los creadores mensualmente.

6. Otras oportunidades de monetización: además del Fondo para creadores, TikTok ofrece otras formas para que los creadores moneticen su contenido. Esto incluye asociaciones de marca, contenido patrocinado y marketing de afiliación. Los creadores pueden colaborar con marcas, promocionar productos o participar en campañas de marketing de influentes para obtener ingresos adicionales.

7. Potencial de ingresos: el potencial de ingresos a través del Fondo para creadores varía ampliamente y depende de varios factores, como la cantidad de seguidores, la interacción con el video y el rendimiento de los anuncios en la plataforma. Es importante tener en cuenta que Creador Fundó es solo una vía para ganar dinero en TikTok, y los creadores pueden

explorar fuentes de ingresos adicionales para maximizar su potencial de ingresos.

8. Pautas y prácticas recomendadas: los creadores deben cumplir con las Pautas de la comunidad y las políticas de contenido de TikTok para mantener la elegibilidad para el Fondo para creadores. La creación de contenido atractivo, original y de alta calidad que resuene en la audiencia es esencial para maximizar las ganancias y atraer colaboraciones de marca.

Vale la pena mencionar que la disponibilidad del TikTok Creador Fundó puede variar según el país, ya que el programa no está disponible en todas las regiones. TikTok actualiza regularmente sus políticas y programas, por lo que los creadores deben mantenerse informados sobre cualquier cambio o actualización del Fondo para creadores para aprovechar al máximo sus oportunidades de monetización en la plataforma.

Orientación sobre la búsqueda de asociaciones de marca y patrocinios

Buscar asociaciones de marca y patrocinios puede ser una forma valiosa para que los creadores de TikTok moneticen su contenido y colaboren con las marcas. Aquí hay algunos consejos para guiarlo en la búsqueda de asociaciones de marca y patrocinios:

1. Defina su marca: antes de acercarse a las marcas, tómese el tiempo para definir su marca personal y comprender qué lo·distingue. Identifique su nicho, propuesta de valor única y público objetivo. Tener una identidad de marca clara hará que sea más fácil encontrar marcas que se alineen con su contenido y valores.

2. Muestre su valor: las marcas quieren trabajar con creadores que puedan brindar valor y ayudarlos a lograr sus objetivos de marketing. Resalte sus métricas de compromiso, la demografía de la audiencia y las colaboraciones exitosas anteriores en su presentación. Comparta información sobre los intereses y el comportamiento de compra de su audiencia para demostrar su influencia y su impacto potencial.

3. Investigue y apunte a marcas relevantes: Investigue marcas que se alineen con su nicho de contenido y valores. Busque marcas que tengan presencia en TikTok o participen activamente en campañas de marketing de influentes. Considere los productos o servicios que se integrarían naturalmente con su contenido y resonarían con su audiencia.

4. Comprométase con la marca: antes de comunicarse con una marca, interactúe con su contenido y demuestre un interés genuino en sus productos o servicios. Dale me gusta, comenta y comparte sus publicaciones para establecer una conexión. Este compromiso

puede ayudarlo a sobresalir cuando eventualmente busque una oportunidad de asociación.

5. Elabore un discurso convincente: cuando se acerque a las marcas, elabore un discurso bien pensado y personalizado. Preséntese, explique por qué está interesado en asociarse con la marca y destaque cómo su contenido y audiencia se alinean con su mercado objetivo. Enfatice el valor único que puede aportar a la asociación.

6. Demuestre su creatividad: Muestre sus habilidades creativas presentando ideas para la colaboración. Proporcione ejemplos de cómo imagina integrar la marca en su contenido de una manera auténtica y atractiva. Demuestre que comprende los valores y objetivos de la marca, y proponga soluciones creativas que puedan cumplir con sus objetivos de marketing.

7. Profesionalismo y comunicación: mantenga un enfoque profesional al comunicarse con las marcas. Sea receptivo, claro y conciso en su comunicación. Describa claramente los términos de la asociación, incluidos los entregables, el cronograma, la compensación y cualquier otro detalle relevante.

8. Construir relaciones: construir relaciones con las marcas es crucial para las asociaciones a largo plazo. Incluso si una marca no tiene una oportunidad inmediata, mantenga una relación positiva manteniéndose comprometido con su contenido y comunicándose periódicamente para compartir actualizaciones sobre su crecimiento y logros.

9. Negocie de manera justa: cuando se trata de compensación y términos, esté preparado para negociar. Comprenda su valor y lo que aporta, pero también esté abierto a encontrar un acuerdo de beneficio mutuo. Sea flexible y considere factores como el tamaño de su audiencia, las tasas de participación y el presupuesto de la marca.
10. Cumpla sus promesas: una vez que asegure una asociación de marca, es crucial cumplir sus promesas. Cree contenido de alta calidad que se alinee con los términos acordados y mantenga la integridad de su marca personal. Proporcione actualizaciones periódicas, cumpla con los plazos y comuníquese abiertamente en toda la asociación.

Recuerde, establecer relaciones con las marcas requiere tiempo y esfuerzo. Sea paciente, continúe creando contenido valioso y busque oportunidades que se alineen con su marca y audiencia. A medida que adquiera más experiencia y asociaciones exitosas, su reputación crecerá y atraerá más oportunidades de colaboración de marca en el futuro.

Explore opciones para vender mercancías y aprovechar otras fuentes de ingresos (p. ej., cursos en línea, marketing de afiliados).

Los creadores de TikTok tienen varias opciones para diversificar sus flujos de ingresos más allá de las asociaciones de marca y los patrocinios. Aquí hay algunas vías potenciales para explorar:

1. Venta de mercadería: crear y vender mercadería relacionada con su marca personal puede ser un flujo de ingresos lucrativo. Esto podría incluir ropa de marca, accesorios o productos que muestren su logotipo o eslóganes. Utilice plataformas de comercio electrónico o servicios de impresión bajo demanda para manejar la producción, el cumplimiento y el envío.
2. Cursos o talleres en línea: si tiene conocimientos o habilidades especializados, considere crear y vender cursos o talleres en línea. Plataformas como Ídem, educable o Skillshare brindan herramientas para desarrollar y vender contenido educativo. Aproveche su experiencia para enseñar a otros y generar ingresos a través de inscripciones en cursos.
3. Marketing de afiliados: participar en programas de marketing de afiliados le permite ganar una comisión al promocionar productos o servicios a través de enlaces de referencia rastreables. Identifique productos o servicios que se alineen con su contenido y los intereses de la audiencia. Promociónelos en sus videos o proporcione reseñas de productos dedicadas con enlaces de afiliados en la descripción del video.
4. Transmisión en vivo de obsequios y donaciones: la función de transmisión en vivo de TikTok permite a los espectadores enviar obsequios virtuales o hacer donaciones durante sus transmisiones en vivo. Estos obsequios se pueden convertir en monedas virtuales o diamantes, que puede canjear por efectivo real.

Interactúe con su audiencia durante las transmisiones en vivo, ofrezca contenido o experiencias exclusivos y anímelos a que lo apoyen a través de obsequios y donaciones.

5. Contenido patrocinado y ubicaciones de productos: además de las asociaciones de marca tradicionales, puede negociar contenido patrocinado y ubicaciones de productos con marcas. Esto implica presentar o respaldar productos o servicios dentro de sus videos de TikTok a cambio de una compensación. Asegúrese de que el contenido patrocinado se alinee con su marca personal y resuene con su audiencia.

6. Patreon o servicios de suscripción: las plataformas como Patreon permiten a los creadores ofrecer contenido o experiencias exclusivos a sus fanáticos dedicados a cambio de una tarifa de suscripción mensual. Puede proporcionar imágenes detrás de escena, acceso anticipado a videos, menciones personalizadas o sesiones exclusivas de preguntas y respuestas. Esto proporciona una forma para que sus seguidores más leales lo apoyen financieramente.

7. Eventos o reuniones patrocinados: a medida que crece su influencia, considere organizar eventos patrocinados o reuniones donde los fanáticos puedan interactuar con usted en persona. Las marcas pueden estar interesadas en asociarse con usted para patrocinar tales eventos, proporcionando un flujo de ingresos adicional y conectando con su audiencia en un nivel más profundo.

8. Ingresos publicitarios de YouTube y TikTok: si también crea contenido en YouTube,

considere unirse al Programa de socios de YouTube para monetizar sus videos a través de los ingresos publicitarios. Además, TikTok está comenzando a introducir programas de distribución de ingresos publicitarios en algunas regiones, lo que permite a los creadores ganar dinero en función de los anuncios que se muestran en sus videos.

Al explorar estas fuentes de ingresos, asegúrese de que se alineen con su marca personal y resuenen con su audiencia. Esfuércese por la autenticidad y la calidad en todos sus esfuerzos para mantener la confianza y el compromiso. Experimente con diferentes estrategias, realice un seguimiento de sus resultados y adáptese en función de lo que funcione mejor para su audiencia y nicho específicos.

Sección 6: Mantenerse seguro y responsable en TikTok

Pautas de la comunidad de TikTok y la importancia de cumplirlas.

TikTok tiene pautas comunitarias para garantizar un entorno seguro, respetuoso y positivo para sus usuarios. Cumplir con estas pautas es crucial para mantener una comunidad saludable y evitar posibles consecuencias, como la eliminación de contenido, la suspensión de la cuenta o las prohibiciones permanentes. Aquí hay una explicación de las pautas de la comunidad de TikTok y la importancia de seguirlas:

1. Seguridad y respeto: TikTok prioriza la seguridad del usuario y espera que todos los usuarios se traten con respeto. Las pautas de la comunidad prohíben el acoso, la intimidación, el discurso de odio y cualquier forma de comportamiento dañino. Es fundamental crear contenido que promueva un ambiente positivo e inclusivo.

2. Contenido apropiado: TikTok tiene pautas específicas con respecto a la desnudez, el contenido sexual, la violencia y el contenido gráfico. Los usuarios deben evitar publicar material explícito o violento, incluidos discursos de odio, autolesiones o actividades peligrosas. El contenido debe ser adecuado para una audiencia diversa, incluidos niños y adolescentes.

3. Propiedad intelectual: las pautas de la comunidad de TikTok enfatizan la importancia de respetar los derechos de propiedad intelectual. Los usuarios no deben publicar contenido que infrinja derechos de autor, marcas registradas u otra propiedad intelectual.

Evite usar música con derechos de autor o incorporar otro material con derechos de autor sin el permiso o la licencia adecuados.

4. Autenticidad y desinformación: TikTok enfatiza la importancia de la autenticidad y desalienta la difusión de información errónea. Los usuarios no deben participar en prácticas engañosas, hacerse pasar por otros o manipular las métricas de participación. Compartir información precisa y promover contenido veraz contribuye a la credibilidad y confiabilidad de la plataforma.

5. Seguridad infantil: TikTok pone un fuerte énfasis en proteger la privacidad y seguridad de los niños. Los usuarios deben abstenerse de publicar contenido que explote o ponga en peligro a menores. Además, TikTok ha implementado varias configuraciones y funciones de privacidad para mejorar la seguridad de los niños.

6. Armonía de la comunidad: TikTok alienta a los usuarios a contribuir positivamente a la comunidad y a abstenerse de participar en comportamientos que interrumpan la armonía de la plataforma. Esto incluye evitar el spam, la autopromoción excesiva o participar en actividades que puedan afectar negativamente la experiencia del usuario.

Cumplir con las pautas de la comunidad de TikTok es crucial por varias razones:

1. Seguridad del usuario: las pautas priorizan la seguridad y el bienestar del usuario, creando una experiencia segura y agradable para todos

en la plataforma. Seguir estas pautas ayuda a fomentar una comunidad positiva y respetuosa.

2. Protección de la cuenta: la violación de las pautas de la comunidad puede tener consecuencias como la eliminación de contenido, la suspensión temporal de la cuenta o incluso prohibiciones permanentes. Cumplir con las pautas protege su cuenta de estos resultados negativos.

3. Reputación y confianza de la audiencia: la creación constante de contenido que se alinee con las pautas de la comunidad ayuda a construir una reputación positiva y establece confianza con su audiencia. Muestra que eres un creador responsable que respeta los valores y expectativas de la comunidad TikTok.

4. Éxito a largo plazo: al seguir las pautas, aumenta las posibilidades de que su contenido llegue a un público más amplio y atraiga la participación. El algoritmo de TikTok favorece el contenido que se alinea con las pautas de su comunidad, promoviendo contenido de creadores que contribuyen positivamente a la plataforma.

5. Oportunidades de colaboración: las marcas y los posibles colaboradores a menudo evalúan el contenido y el comportamiento de un creador en TikTok antes de iniciar asociaciones. Demostrar que sigues las pautas de la comunidad te posiciona como un creador responsable y confiable, lo que abre las puertas para posibles colaboraciones y patrocinios de la marca.

Recuerde revisar regularmente las pautas de la comunidad de TikTok, ya que pueden actualizarse para adaptarse a las necesidades y desafíos en evolución. Al respetar y seguir estas pautas, contribuyes a una comunidad de TikTok segura, positiva y próspera.

Consejos para proteger la privacidad y la información personal en TikTok.

Proteger su privacidad e información personal en TikTok es crucial para mantener el control sobre su presencia en línea. Aquí hay algunos consejos para ayudarlo a proteger su privacidad mientras usa la plataforma:

1. Revise y ajuste la configuración de privacidad: tómese el tiempo para revisar y ajustar su configuración de privacidad en TikTok. Vaya a la configuración de su perfil y explore opciones como la privacidad de la cuenta, los filtros de comentarios y quién puede interactuar con su contenido. Ajuste esta configuración de acuerdo con su nivel de comodidad y el nivel de privacidad deseado.
2. Tenga en cuenta la información personal: evite compartir información personal confidencial, como su nombre completo, dirección, número de teléfono o dirección de correo electrónico, públicamente en TikTok. Tenga cuidado al entablar conversaciones y compartir detalles personales con otros, ya que es difícil controlar cómo se puede usar esta información.
3. Administre el uso compartido de la ubicación: considere deshabilitar las funciones para compartir la ubicación en TikTok, ya que pueden revelar su paradero a otros. Si bien el

contenido basado en la ubicación puede ser atractivo, es importante evaluar los posibles riesgos y beneficios antes de compartir su ubicación públicamente.

4. Limite la visibilidad de la audiencia: si desea mantener un mayor nivel de privacidad, considere configurar su cuenta como privada. De esta manera, solo los seguidores aprobados pueden ver su contenido. Le permite tener más control sobre quién puede ver sus videos y reduce el riesgo de interacciones no deseadas o violaciones de la privacidad.

5. Sea selectivo con los seguidores: tenga cuidado al aceptar seguidores y conectarse con otros en TikTok. Verifique la autenticidad de las cuentas antes de interactuar con ellas, especialmente si solicitan información personal o parecen sospechosas. Evite aceptar solicitudes de fuentes desconocidas o cuestionables.

6. Considere la posibilidad de usar marcas de agua o contenido de marca: agregar una marca de agua o un elemento de marca a su contenido puede ayudar a proteger sus videos para que no se usen indebidamente o se vuelvan a cargar sin permiso. Agrega una capa de identificación a su trabajo y desalienta el uso no autorizado.

7. Reporte un comportamiento inapropiado o abusivo: si encuentra contenido, comentarios o cuentas que violan las pautas de la comunidad de TikTok o lo hacen sentir incómodo, repórtelo a TikTok. La plataforma cuenta con mecanismos de denuncia para abordar comportamientos inapropiados o abusivos.

8. Infórmese sobre las políticas de TikTok: familiarícese con los términos de servicio, las pautas de la comunidad y la política de privacidad de TikTok. Manténgase informado sobre cualquier actualización o cambio en estas políticas. Comprender las reglas y regulaciones de la plataforma le permite tomar decisiones informadas con respecto a su privacidad y contenido.
9. Manténgase informado sobre la seguridad en línea: infórmese sobre las mejores prácticas de seguridad y privacidad en línea más allá de TikTok. Obtenga información sobre estafas en línea comunes, intentos de phishing y métodos utilizados para recopilar información personal. Este conocimiento le ayudará a reconocer y evitar riesgos potenciales.
10. Confíe en sus instintos: si algo se siente extraño o sospechoso en TikTok, confíe en sus instintos. Si una situación o interacción genera inquietudes sobre su privacidad o seguridad personal, es mejor pecar de precavido y tomar las medidas necesarias para protegerse.

Recuerde, ninguna plataforma puede garantizar una privacidad completa, por lo que es importante tener en cuenta lo que comparte y con quién. Al implementar estos consejos de protección de la privacidad, puede mejorar su seguridad en línea y disfrutar de una experiencia TikTok más segura.

Estrategias para manejar el odio, el cibera coso y la negatividad en línea.

Lidiar con el odio, el cibera coso y la negatividad en línea puede ser un desafío, pero existen estrategias que puede emplear para manejar tales situaciones de manera efectiva. Aquí hay algunas estrategias para ayudarlo a navegar y lidiar con la negatividad en TikTok:

1. Mantenga la perspectiva: recuerde que el odio y la negatividad en línea a menudo se derivan de los problemas personales y las inseguridades de los demás. Trate de no tomarlo como algo personal o dejar que defina su autoestima. Recuerda que tienes el poder de controlar cómo reaccionas a los comentarios o mensajes negativos.

2. Ignorar y bloquear: a veces, la mejor respuesta a la negatividad es no responder en absoluto. Ignora comentarios de odio o mensajes que no tengan valor constructivo. Use las funciones de bloqueo y silenciamiento para evitar una mayor interacción con personas que constantemente se involucran en un comportamiento negativo.

3. Reporta un comportamiento inapropiado: si te encuentras con un discurso de odio, acoso cibernético o cualquier forma de acoso, repórtalo a TikTok. La plataforma cuenta con mecanismos para abordar tales problemas y tomar las medidas adecuadas contra las cuentas infractoras.

4. Busque apoyo: comuníquese con amigos, familiares o compañeros creadores que puedan brindarle apoyo y comprensión. Pueden

ofrecer perspectiva, consejos o simplemente escuchar durante los momentos difíciles. Recuerde que no está solo y que otros pueden haber experimentado desafíos similares.

5. Concéntrese en la retroalimentación positiva: contrarreste la negatividad enfocándose en los comentarios positivos y la retroalimentación de su audiencia. Agradezco el apoyo y el aliento que recibe. Cultiva una comunidad solidaria y comprometida interactuando con aquellos que aprecian tu contenido.

6. Practique el cuidado personal: la negatividad puede afectar su bienestar emocional. Tome descansos de las redes sociales cuando sea necesario, participe en actividades que le brinden alegría y priorice el cuidado personal. Esto puede implicar ejercicio, meditación, pasar tiempo con sus seres queridos, dedicarse a pasatiempos o buscar apoyo profesional si es necesario.

7. Responda con empatía o humor: a veces, responder a la negatividad con amabilidad o humor puede disipar la tensión y desalentar futuras interacciones negativas. Sin embargo, use esta estrategia de manera selectiva y asegúrese de que se alinee con sus límites y valores personales.

8. Documente y conserve evidencia: si la negatividad se convierte en acoso o cibera coso, documente los casos tomando capturas de pantalla o grabando evidencia. Esta documentación puede ser útil si necesita informar el comportamiento a TikTok o involucrar a la policía.

9. Reformule y aprenda de la crítica constructiva: diferencie entre la crítica constructiva y la

negatividad sin fundamento. Si bien puede ser un desafío, intente extraer información valiosa de los comentarios genuinos y utilícelos para mejorar su contenido. Utilice la crítica constructiva como una oportunidad de crecimiento y desarrollo.

10. Rodéate de positividad: interactúa con contenido edificante y creadores que te inspiren y motiven. Participa en comunidades de apoyo o colabora con creadores afines que compartan tus valores. Rodearse de positividad puede contrarrestar las experiencias negativas.

Recuerda, tu bienestar mental y emocional siempre debe ser una prioridad. Está bien tomar descansos, establecer límites y protegerse de la negatividad. Concéntrate en crear contenido que resuene con tu audiencia y te traiga alegría. Al implementar estas estrategias, puede navegar el odio y la negatividad en línea de manera más efectiva y mantener una presencia en línea positiva.

Proceso de reporte de contenido inapropiado o comportamiento abusivo.

Si encuentra contenido inapropiado o comportamiento abusivo en TikTok, es importante informarlo a la plataforma. Los informes ayudan a mantener un entorno seguro y positivo para todos los usuarios. Aquí hay una guía paso a paso sobre cómo denunciar contenido inapropiado o comportamiento abusivo en TikTok:

1. Identifique el contenido o la cuenta: ubique el contenido o la cuenta específicos que cree que violan las pautas de la comunidad o los términos de servicio de TikTok. Tome nota del nombre de usuario, el video, el comentario o cualquier detalle relevante que lo ayude en el proceso de denuncia.

2. Acceda a las opciones de informes: en TikTok, hay varias formas de acceder a las opciones de informes. Aquí hay dos métodos comunes:
   o Para un video: mientras ve el video, toque el ícono de compartir (flecha que apunta hacia la derecha) y seleccione la opción "Informar".
   o Para una cuenta o comentario: vaya al perfil del usuario, toque los tres puntos en la esquina superior derecha y elija la opción "Denunciar".

3. Seleccione el motivo de la denuncia: TikTok ofrece varias opciones de denuncia para categorizar el tipo de infracción. Las opciones comunes incluyen el acoso, la incitación al odio, la intimidación, la desnudez, la violencia o la infracción de la propiedad intelectual. Elija el motivo más apropiado que se alinee

con el contenido o comportamiento denunciado.

4. Proporcione detalles adicionales: TikTok puede solicitarle que proporcione detalles adicionales sobre el informe. Si es posible, proporcione información específica sobre la infracción, como el comentario específico o la sección del video que es problemática. Cuantos más detalles pueda proporcionar, mejor podrá TikTok evaluar la situación.

5. Envíe el informe: después de proporcionar todos los detalles necesarios, revise su informe para garantizar la precisión. Toque el botón "Enviar" o "Informar" para enviar el informe al equipo de moderación de TikTok para su revisión.

6. Opcional: bloquear o silenciar al usuario: si el contenido inapropiado o el comportamiento abusivo proviene de un usuario específico, puede optar por bloquearlo o silenciarlo para evitar más interacciones o exposición a su contenido. Este paso es opcional pero puede ser útil para mantener su propia comodidad y seguridad.

El equipo de moderación de TikTok revisará el contenido o el comportamiento informado y tomará las medidas adecuadas según las pautas y políticas de su comunidad. Debido al volumen de informes, el proceso de revisión puede tardar un tiempo en completarse. Si el contenido denunciado viola las pautas de TikTok, puede eliminarse y el usuario puede enfrentar consecuencias como restricciones de contenido, suspensión de la cuenta o prohibiciones permanentes.

Recuerda, denunciar contenido inapropiado o comportamiento abusivo ayuda a crear un entorno más seguro para los usuarios de TikTok. Al informar, contribuyes a mantener una comunidad positiva y a garantizar que TikTok siga siendo una plataforma agradable para todos.

Sea modelos a seguir positivos dentro de la comunidad TikTok.

1. Inspirar y empoderar a otros: su contenido de TikTok tiene el poder de inspirar y empoderar a los espectadores. Al compartir mensajes positivos, mostrar amabilidad o resaltar problemas sociales importantes, puede alentar a otros a tomar medidas positivas, adoptar la confianza en sí mismos y marcar una diferencia en sus propias vidas y comunidades.
2. Fomenta una comunidad de apoyo: como modelo a seguir positivo, puedes fomentar una comunidad de apoyo e inclusiva en TikTok. Interactúe con su audiencia, responda a los comentarios y cree un espacio seguro para el diálogo abierto. Anime a otros a animarse unos a otros, celebrar la diversidad y difundir positividad dentro de la sección de comentarios.
3. Promueva la amabilidad y el respeto: use su plataforma para promover la amabilidad y el respeto hacia los demás. Trate a los demás creadores y espectadores con respeto, incluso si tiene opiniones diferentes. Fomente las discusiones constructivas, la empatía y la comprensión. Predique con el ejemplo en sus interacciones y resalte la importancia del comportamiento positivo en línea.
4. Combata el cibera coso y la negatividad: tome una posición contra el cibera coso y la negatividad en TikTok. Informe y hable en contra de cualquier caso

de acoso o comportamiento de odio que encuentre. Apoye y anime a aquellos que puedan estar experimentando negatividad, y anime a otros a hacer lo mismo.

5. Comparta el crecimiento personal y los desafíos: la transparencia y la vulnerabilidad pueden tener un impacto significativo en su audiencia. Comparta su viaje de crecimiento personal, resalte los desafíos que ha superado y brinde información sobre cómo ha desarrollado la resiliencia. Al hacerlo, inspiras a otros a abrazar sus propios caminos de superación personal y auto aceptación.

6. Difundir positividad y humor: TikTok es conocido por su contenido entretenido y alegre. Usa tu creatividad para difundir alegría, risas y positivismo a través de tus videos. Aproveche el poder del humor para alegrar el día de alguien y crear un efecto dominó positivo dentro de la comunidad.

7. Apoye a los pequeños creadores: levante y apoye a los creadores más pequeños que recién comienzan sus viajes en TikTok. Colabore con ellos, menciónelos o interactúe con su contenido. Al fomentar una cultura de apoyo y aliento, contribuye al crecimiento y éxito de la comunidad en su conjunto.

8. Manténgase informado y eduque: Manténgase informado sobre temas sociales importantes, eventos actuales y tendencias. Usa tu plataforma para educar y crear conciencia sobre las causas que te importan. Fomente el pensamiento crítico, promueva la inclusión y participe en conversaciones significativas que puedan impulsar un cambio positivo.

9. Practique la autorreflexión y el crecimiento: reflexione continuamente sobre su propio comportamiento y contenido. Esfuércese por el crecimiento personal, aprenda de sus errores y adapte su enfoque si es necesario. Estar abierto a la

retroalimentación y la superación personal le permite convertirse en un modelo a seguir aún más positivo con el tiempo.

10. Liderar con el ejemplo: en última instancia, la forma más efectiva de ser un modelo a seguir positivo es predicar con el ejemplo. Sea consistente en sus valores, autenticidad y positividad. Demuestra integridad, empatía e inclusión en tus acciones tanto dentro como fuera de TikTok.

Al adoptar estos principios y encarnar activamente la positividad, puede tener un impacto duradero en la comunidad de TikTok. Recuerde, como modelo a seguir, su influencia se extiende más allá de la pantalla. Usa tu plataforma sabiamente e inspira a otros a ser lo mejor de sí mismos.

Conclusión: acepta tu viaje TikTok

Al concluir esta guía definitiva de TikTok, es importante recordar que TikTok es una plataforma para la creatividad, la autoexpresión y la conexión. Abrace su viaje TikTok y aproveche al máximo las oportunidades que presenta. Aquí hay algunos pensamientos finales para inspirarte y motivarte:

Mantente fiel a ti mismo: la autenticidad es clave en TikTok. Acepta tu voz, tus pasiones y tus talentos únicos. No tengas miedo de ser tú mismo y compartir tu perspectiva con el mundo. Su contenido genuino resonará con los demás y lo ayudará a crear seguidores dedicados.

Adopte la creatividad: TikTok es una plataforma que se nutre de la creatividad. Explore diferentes formatos, experimente con herramientas de edición y efectos, y supere los límites de su contenido. Abraza tu lado creativo y déjalo brillar en tus videos.

Aprende y evoluciona continuamente: TikTok está en constante evolución, con nuevas tendencias, funciones y estrategias que surgen todo el tiempo. Mantente abierto a aprender y adaptarte. Manténgase al día con las últimas tendencias, interactúe con la comunidad y busque inspiración de otros creadores. Adopte el crecimiento y mejore continuamente sus habilidades.

Construye conexiones genuinas: TikTok es una plataforma social, así que no subestimes el poder de construir conexiones. Interactúe con su audiencia, responda a los comentarios y participe en los desafíos de la comunidad. Cultiva relaciones significativas con otros creadores y colabora siempre que sea posible. Construir una red de apoyo puede mejorar tu experiencia TikTok y abrir puertas para nuevas oportunidades.

Acepta desafíos y asume riesgos: TikTok premia la creatividad y la innovación. No tenga miedo de asumir desafíos, probar nuevas ideas y salir de su zona de confort. Aprovecha la oportunidad de esforzarte creativamente y descubrir nuevas posibilidades.

Celebre la diversidad y la inclusión: TikTok es una plataforma global con una base de usuarios diversa. Celebra y acepta la diversidad de voces, culturas y perspectivas que existen en TikTok. Sea inclusivo en su contenido, interactúe con creadores de diferentes orígenes y use su plataforma para promover la comprensión y la unidad.

Recuerda el impacto que puedes tener: TikTok tiene el poder de llegar a millones de personas en todo el mundo. Reconoce el impacto que tu contenido puede tener en los demás. Ya sea difundiendo positividad, creando conciencia o inspirando un cambio, tu viaje TikTok puede marcar la diferencia en la vida de las personas.

Disfruta el proceso: sobre todo, disfruta el proceso de crear y compartir contenido en TikTok. Diviértete, abraza la alegría de la creatividad y no te tomes demasiado en serio. TikTok es una plataforma que te permite expresarte, conectarte con otros y hacer sonreír a las personas. Acepta la alegría y déjala brillar en tus videos.

Recuerda, tu viaje TikTok es único para ti. Acepta los altibajos, aprende de las experiencias y sigue creciendo como creador. A medida que continúa su viaje TikTok, manténgase fiel a sí mismo, difunda positividad y tenga un impacto duradero dentro de la vibrante comunidad TikTok. ¡Feliz creación!

Los puntos clave cubiertos a lo largo del libro electrónico

A lo largo de este libro electrónico, cubrimos varios aspectos de TikTok y brindamos orientación para convertirse en un creador exitoso de TikTok. Aquí hay un resumen de los puntos clave cubiertos:

1. Comprender TikTok: explicamos el propósito de TikTok, su público objetivo y sus características clave.
2. Creación de una cuenta de TikTok: proporcionamos un tutorial paso a paso sobre cómo crear una cuenta de TikTok y optimizar su perfil.
3. Navegación por la aplicación: guiamos a los lectores a través de la interfaz de usuario de la aplicación TikTok, incluido el feed de inicio, la página de descubrimiento y las funciones de exploración.
4. Exploración de las funciones de TikTok: exploramos diferentes funciones, como filtros, efectos, transiciones y las herramientas de edición disponibles en TikTok.
5. Identificación de su nicho y público objetivo: guiamos a los lectores a encontrar su nicho y definir su público objetivo para crear contenido que resuene.
6. Generación de ideas creativas: Ofrecimos consejos y estrategias para generar ideas creativas para el contenido de TikTok, incluidas tendencias, desafíos y técnicas de intercambio de ideas.
7. Elegir el formato de video correcto: explicamos diferentes formatos de video en

TikTok y cómo elegir el formato apropiado para contenido específico.

8. Mejora de videos con herramientas de edición: discutimos las herramientas y efectos de edición de TikTok para mejorar la calidad y el atractivo visual de los videos.

9. Mantenerse actualizado sobre las tendencias: brindamos orientación sobre cómo mantenerse actualizado sobre las tendencias populares de TikTok y participar en ellas de manera efectiva.

10. Definición de la identidad y los valores de la marca: Guiamos a los lectores en la definición de la identidad y los valores de su marca TikTok y en la presentación de una imagen coherente a su audiencia.

11. Mostrar autenticidad y personalidad: enfatizamos la importancia de la autenticidad y la personalidad en el contenido de TikTok y brindamos consejos para mostrarlos.

12. Desarrollar un estilo visual consistente: Ofrecimos consejos para crear un estilo visual y una estética consistentes para un perfil de TikTok.

13. Creación de subtítulos y hashtags atractivos: Brindamos consejos para escribir subtítulos atractivos y utilizar hashtags efectivos para aumentar la visibilidad.

14. Colaboración con otros creadores: exploramos las funciones Dueto y Stich de TikTok para colaborar e interactuar con otros creadores.

15. Optimización del contenido para una visibilidad máxima: explicamos cómo funciona el algoritmo de TikTok y proporcionamos estrategias para optimizar el contenido para aumentar la visibilidad.

16. Creación de un perfil atractivo: Guiamos a los lectores en la creación de un perfil TikTok atractivo que atraiga seguidores.
17. Interactuar con la comunidad de TikTok: Ofrecimos estrategias para interactuar con la comunidad de TikTok a través de comentarios, colaboraciones y desafíos.
18. Colaboración con otros creadores: Brindamos consejos para colaborar con otros creadores de TikTok para expandir el alcance y crear contenido atractivo.
19. Promoción cruzada en otras plataformas: exploramos la promoción cruzada en otras plataformas de redes sociales para aumentar el seguimiento de TikTok.
20. Marca personal: explicamos el concepto de marca personal y cómo se aplica a TikTok.
21. Ganar dinero en TikTok: discutimos el Creador Fundó de TikTok y cómo los creadores pueden ganar dinero a través de él.
22. Búsqueda de asociaciones de marca y patrocinios: ofrecemos orientación sobre la búsqueda de asociaciones de marca y patrocinios como creador de TikTok.
23. Aprovechamiento de las fuentes de ingresos: exploramos opciones para vender mercancías y aprovechar otras fuentes de ingresos, como cursos en línea y marketing de afiliados.
24. Cumplimiento de las pautas de la comunidad: explicamos las pautas de la comunidad de TikTok y la importancia de cumplirlas.
25. Protección de la privacidad y la información personal: Brindamos consejos sobre cómo proteger la privacidad y la información personal en TikTok.

26. Manejo del odio y la negatividad en línea: Ofrecimos estrategias para manejar el odio, el cibera coso y la negatividad en línea.
27. Reportar contenido o comportamiento inapropiado: explicamos el proceso de reportar contenido inapropiado o comportamiento abusivo en TikTok.
28. Abrazar su viaje TikTok: alentamos a los lectores a abrazar su viaje TikTok, mantenerse fieles a sí mismos y disfrutar del proceso creativo.

A lo largo de este libro electrónico, nuestro objetivo es brindar a los lectores una guía completa de TikTok, desde la creación de una cuenta hasta la construcción de una presencia exitosa en la plataforma. Al seguir los consejos y estrategias descritos, los lectores pueden navegar TikTok de manera efectiva, interactuar con la comunidad y crear contenido que resuene en su audiencia.

Poner en práctica las estrategias y consejos proporcionados.

Al llegar al final de esta guía definitiva de TikTok, quiero enfatizar la importancia de implementar las estrategias y los consejos proporcionados. El conocimiento por sí solo no es suficiente para tener éxito en TikTok; la acción es clave. He aquí por qué debería dar el siguiente paso y poner en práctica estas estrategias:

1. Desbloquee su potencial: al implementar las estrategias y los consejos compartidos en esta guía, tiene la oportunidad de desbloquear todo su potencial como creador de TikTok. No basta con consumir información pasivamente. Toma acción y aplica lo que has aprendido para ver resultados reales.
2. Destaca entre la multitud: TikTok es una plataforma altamente competitiva con millones de creadores que compiten por la atención. Al implementar las estrategias y los consejos proporcionados, puede diferenciarse de la multitud. Abrace su singularidad, encuentre su nicho y cree contenido que cautive y resuene con su público objetivo.
3. Aprende y adáptate: TikTok está en constante evolución y las tendencias van y vienen. Al implementar las estrategias y participar activamente en la plataforma, aprenderá más sobre la dinámica de TikTok y comprenderá qué funciona mejor para usted. Esté abierto a la experimentación, realice un seguimiento de

su progreso y adapte su enfoque según sea necesario.

4. Cree una comunidad sólida: TikTok no se trata solo de ganar seguidores; se trata de construir una comunidad de seguidores comprometidos y leales. Al implementar las estrategias descritas en esta guía, puede crear conexiones significativas, interactuar con su audiencia y fomentar una comunidad que valore y apoye su contenido.

5. Aprovecha las oportunidades: TikTok presenta numerosas oportunidades de crecimiento, colaboración e incluso monetización. Al implementar las estrategias y los consejos proporcionados, se posiciona para aprovechar estas oportunidades cuando surjan. Ya sea participando en tendencias, colaborando con otros creadores o buscando socios de marca, la acción es esencial.

6. Supere los desafíos: TikTok, como cualquier esfuerzo creativo, viene con una buena cantidad de desafíos. Sin embargo, al implementar las estrategias y los consejos de esta guía, estará mejor equipado para navegar y superar estos desafíos. Recuerde, la perseverancia y la constancia son la clave del éxito a largo plazo.

7. Adopte el crecimiento y la mejora: TikTok es una plataforma para el crecimiento personal y creativo. Al implementar las estrategias y los consejos proporcionados, se está comprometiendo con su propio viaje de crecimiento. Acepte los comentarios, aprenda de sus experiencias y esfuércese continuamente por mejorar su contenido y sus habilidades.

8. Genera un impacto: TikTok tiene un alcance global y el potencial de generar un impacto positivo en los demás. Al implementar las estrategias y los consejos de esta guía, puede crear contenido que inspire, eduque, entretenga o cree conciencia sobre temas importantes. Tus acciones tienen el poder de influir y marcar la diferencia en la vida de tu audiencia.

Recuerda, el éxito en TikTok no sucede de la noche a la mañana. Requiere dedicación, constancia y voluntad de aprender y adaptarse. Por lo tanto, dé el siguiente paso, implemente las estrategias y los consejos proporcionados y emprenda su viaje TikTok con confianza y entusiasmo. Acepta los desafíos, celebra tus éxitos y disfruta el proceso de crear y compartir contenido en una de las plataformas más dinámicas de nuestro tiempo.

Mientras se embarca en su viaje TikTok, quiero dejarlo con una dosis final de inspiración y aliento. Recuerda, TikTok es una plataforma que celebra la creatividad, la autoexpresión y la individualidad. He aquí por qué debería abrazar su creatividad, disfrutar de la experiencia TikTok y luchar por el éxito:

1. Libera tu potencial creativo: TikTok es un lienzo para tu imaginación. Es un lugar donde puedes dejar volar tu creatividad, explorar nuevas ideas y mostrar tus talentos únicos. Adopte su creatividad y utilícela para crear contenido que refleje quién es usted y lo que le apasiona.

2. Encuentra alegría en el proceso: TikTok no se trata solo del resultado final; se trata del viaje en sí. Disfrute el proceso de generar ideas, filmar videos y editar su contenido. Abraza la alegría de la creación y la satisfacción de ver tus ideas cobrar vida. ¡No olvides divertirte en el camino!

3. Acepta tu autenticidad: TikTok es una plataforma que valora la autenticidad por encima de todo. Acepta tu verdadero yo y deja que tu personalidad brille en tus videos. No tenga miedo de ser vulnerable, comparta sus experiencias y conéctese con otros en un nivel genuino. Su autenticidad resonará con su audiencia y creará seguidores leales.

4. Aprenda, crezca y evolucione: TikTok es una plataforma dinámica que está en constante evolución. Aprovecha la oportunidad de aprender nuevas habilidades, experimentar con diferentes formatos y adaptarte a las últimas tendencias. Adopte el crecimiento y vea cada video como una oportunidad para mejorar y refinar su oficio. Con cada video, tienes la oportunidad de convertirte en un mejor creador.

5. Conéctese con una comunidad global: TikTok conecta a personas de todo el mundo, creando una comunidad vibrante y diversa. Aprovecha la oportunidad de conectarte con creadores de ideas afines, compartir ideas y aprender de los demás. Interactúe con su audiencia, responda a los comentarios y cree conexiones significativas que pueden durar más allá de la plataforma.

6. Lucha por el éxito: si bien TikTok es una plataforma para la creatividad y la

autoexpresión, también es un lugar donde puedes alcanzar el éxito. Fíjate objetivos, ya sea llegar a un cierto número de seguidores, crear contenido viral o colaborar con otros creadores. Luche por el éxito, pero recuerde que no se trata solo de números. El éxito también se trata del impacto que generas y las conexiones que construyes.

7. Manténgase persistente y consistente: crear una presencia en TikTok requiere tiempo y esfuerzo. Manténgase persistente en su búsqueda del éxito, incluso cuando enfrente desafíos o contratiempos. Sea consistente en la creación de su contenido, publique regularmente para mantener el impulso y atraer a su audiencia. El éxito en TikTok suele ser el resultado de la dedicación y la perseverancia.

8. Disfruta el viaje: en última instancia, TikTok es una oportunidad para expresarte, compartir tus pasiones y conectarte con otras personas que aprecian tu perspectiva única. Acepta el viaje, saborea cada momento y disfruta la experiencia de ser parte de la vibrante comunidad de TikTok. Abraza la alegría, la risa y la inspiración que TikTok tiene para ofrecer.

Entonces, deja volar tu creatividad, disfruta de la experiencia TikTok y lucha por el éxito. Adopte la plataforma como un espacio para la autoexpresión, la conexión y el crecimiento personal. Recuerda que tu voz única y tu espíritu creativo tienen el poder de causar impacto. Aprovecha las posibilidades, cree en ti mismo y deja que tu viaje TikTok se desarrolle con emoción y entusiasmo. ¡Feliz creación!

¡Felicitaciones por completar esta guía definitiva de TikTok! Ahora tiene una gran cantidad de conocimientos y estrategias para impulsarlo hacia el éxito en la plataforma. Al llegar al final de este libro, quiero dejarles un mensaje final.

Recuerda, TikTok no es solo una plataforma; es una comunidad de creadores, soñadores e innovadores. Es un lugar donde puede mostrar sus talentos únicos, compartir su voz e inspirar a otros. Aprovecha el poder de tu creatividad y deja que brille a través de tu contenido.

A medida que continúa su viaje TikTok, tenga en cuenta estos principios clave: autenticidad, consistencia y compromiso. Mantente fiel a ti mismo, sé constante en la creación de contenido e interactúa activamente con tu audiencia. Recuerde, los creadores de TikTok más exitosos son aquellos que realmente se conectan con sus espectadores.

Abrace la alegría de la creación, la emoción de explorar nuevas tendencias y la satisfacción de ver su contenido resonar con los demás. Esté abierto a aprender y evolucionar, ya que TikTok está en constante cambio. Adáptese a las nuevas funciones, experimente con diferentes formatos y siga perfeccionando su oficio.

No tengas miedo de salir de tu zona de confort y tomar riesgos. A menudo suceden grandes cosas cuando superas tus límites y aceptas nuevos desafíos. Recuerda, el crecimiento ocurre fuera de tu zona de confort.

Finalmente, acérquese siempre a TikTok con una mentalidad positiva. Usa esta plataforma como una fuerza para el bien, difundiendo bondad, inspiración y positividad. Sea un modelo a seguir positivo dentro de la comunidad TikTok y use su influencia para marcar la diferencia en la vida de los demás.

Ahora es el momento de poner en práctica todo lo que has aprendido. Abrace su creatividad, disfrute el proceso y luche por el éxito. Cree en ti mismo y en tu capacidad para generar un impacto. Da el primer paso, crea contenido increíble y deja que la comunidad de TikTok se deje cautivar por tu talento.

Gracias por acompañarme en este viaje de TikTok. Te deseo la mejor de las suertes, experiencias increíbles e inspiración infinita. Recuerda, las posibilidades en TikTok son infinitas, así que sigue adelante y deja tu huella en el mundo.

¡Feliz Tik Toking!

por: Denis Topoljak

Epílogo:

A medida que llegamos a las páginas finales de este viaje de TikTok, es hora de reflexionar sobre los momentos increíbles, las lecciones aprendidas y el crecimiento que ha tenido lugar dentro de ti. Te embarcaste en esta aventura con curiosidad y el deseo de desbloquear tu potencial TikTok, y ahora te encuentras en el umbral de la transformación.

A lo largo de este libro, hemos explorado las complejidades de TikTok, desde su propósito y características clave hasta las estrategias y consejos para el éxito. Hemos profundizado en el arte de la creación de contenido, el poder de la autenticidad y la importancia de la comunidad. Superamos los desafíos, celebramos las victorias y descubrimos las gemas ocultas que hacen de TikTok el fenómeno cultural que es hoy.

Pero más allá de las técnicas y tácticas hay algo mucho más profundo: una verdad innegable. TikTok no es solo una plataforma; es un reflejo de nuestra creatividad colectiva, resiliencia y humanidad compartida. Es un lugar donde nacen los sueños, donde se persiguen las pasiones y donde se forman conexiones a través de fronteras y límites.

Al cerrar este libro, recuerde que el viaje no termina aquí. TikTok es un universo dinámico y en constante evolución, y tu papel dentro de él está lejos de terminar. Lleve consigo el conocimiento que ha adquirido, las ideas que ha adquirido y las experiencias que ha atesorado a medida que continúa explorando, creando y conectando.

Acepta el poder de tu voz, ya que tiene la capacidad de inspirar, entretener y tocar corazones. Mantente fiel a tus valores y autenticidad, porque eso es lo que te distingue en un mar de voces. Involúcrese con la comunidad TikTok, colabore y anime a otros creadores, porque juntos podemos crear un panorama digital que sea solidario, inclusivo y empoderador.

Recuerda que el éxito en TikTok no se mide únicamente en números, sino en el impacto que tienes en los demás, las sonrisas que enciendes y las conexiones que forjas. Es la alegría de crear, la emoción del descubrimiento y la satisfacción de saber que tu creatividad tiene el poder de marcar la diferencia.

A medida que el capítulo final llega a su fin, tómese un momento para celebrar lo lejos que ha llegado. Ha perfeccionado sus habilidades, desarrollado su marca y conectado con una increíble comunidad de personas con ideas afines. El mundo de TikTok ha sido testigo de su crecimiento y espera con ansias lo que se avecina.

Entonces, mi amigo, siga adelante con confianza, curiosidad y una creencia inquebrantable en sus talentos únicos. Abrace el emocionante viaje que tiene por delante. Atrévete a soñar

en grande, atrévete a correr riesgos y atrévete a ser tu
auténtico yo.

Gracias por acompañarnos en esta aventura de TikTok. Que
tu creatividad siga brillando intensamente, que tu voz resuene
en los corazones de muchos y que tu viaje en TikTok se llene
de inspiración, crecimiento y alegría sin fin.

Este no es el fin; Es solo el principio. El mundo de TikTok es
tuyo para explorar, crear y conquistar. Aprovecha el
momento, deja tu huella y deja que se desarrolle tu historia
TikTok.

Hasta que nos volvamos a encontrar en el escenario digital,
¡feliz TikToking!

Expresiones de gratitud:

Me gustaría tomarme un momento para expresar mi más sincero agradecimiento a todos aquellos que han contribuido a la creación de este libro. Su apoyo, guía e inspiración han sido invaluables y estoy verdaderamente agradecida por su presencia en mi viaje.

En primer lugar, me gustaría extender mi más profundo agradecimiento a mi familia y amigos por su apoyo y aliento constante. Gracias por creer en mí, animarme y recordarme la importancia de seguir mi pasión.

Estoy inmensamente agradecido al equipo de [Publishing Compañía] por creer en este proyecto y su dedicación para darle vida. Su experiencia, profesionalismo y compromiso con la excelencia han sido fundamentales para dar forma a este libro.

También me gustaría expresar mi gratitud a la comunidad de TikTok, cuya ilimitada creatividad y entusiasmo me han inspirado en cada paso del camino. Gracias a todos los creadores que compartieron sus conocimientos y experiencias, y a los espectadores y seguidores que se involucraron con el contenido de TikTok y formaron una comunidad vibrante y solidaria.

Un agradecimiento especial a los revisores y lectores beta que brindaron comentarios valiosos y ayudaron a refinar el contenido de este libro. Sus ideas y sugerencias han sido invaluables para dar forma a la versión final.

También me gustaría agradecer a las innumerables personas que han allanado el camino en el mundo de las redes sociales y la creación de contenido. Sus esfuerzos pioneros han inspirado a una nueva generación de creadores y han contribuido al panorama en evolución de la expresión digital.

Por último, quiero expresar mi más profundo agradecimiento a usted, el lector. Gracias por elegir este libro, por su interés en TikTok y por embarcarse en este viaje conmigo. Espero sinceramente que la información y los conocimientos compartidos en estas páginas hayan sido valiosos y empedradores para usted.

Recuerda, TikTok es una plataforma que se nutre de la creatividad, la autenticidad y la comunidad. Adopte su voz única, comparta sus pasiones y deje que brille su creatividad. Juntos, creemos un mundo TikTok que celebre la diversidad, la positividad y el poder de la autoexpresión.

Gracias.

denis topoljak